医药卫生管理专业导论系列教材

市场营销专业导论
(第2版)

宋宝香 主编

东南大学出版社
SOUTHEAST UNIVERSITY PRESS

图书在版编目(CIP)数据

市场营销专业导论 / 宋宝香主编. — 2版. — 南京：东南大学出版社，2021.12（2024.8重印）
（医药卫生管理专业导论系列教材）
ISBN 978-7-5641-9835-0

Ⅰ.①市… Ⅱ.①宋… Ⅲ.①市场营销学-高等学校-教材 Ⅳ.①F713.50

中国版本图书馆CIP数据核字(2021)第246009号

责任编辑：陈潇潇　责任校对：张万莹　封面设计：王　玥　责任印制：周荣虎

市场营销专业导论（第2版）

主　　编	宋宝香
出版发行	东南大学出版社
社　　址	南京四牌楼2号　邮编:210096　电话:025-83793330
网　　址	http://www.seupress.com
电子邮件	press@seupress.com
经　　销	全国各地新华书店
印　　刷	南京京新印刷有限公司
开　　本	700 mm×1000 mm　1/16
印　　张	9.5
字　　数	160千字
版　　次	2014年11月第1版　2021年12月第2版
印　　次	2024年8月第2次印刷
书　　号	ISBN 978-7-5641-9835-0
定　　价	30.00元

＊ 本社图书若有印装质量问题,请直接与营销部调换。电话(传真):025-83791830。

医药卫生管理专业导论系列教材编写指导委员会

主任委员 田 侃

副主任委员 姚峥嵘 杨 勇

委　　员 （按姓氏笔画排序）

王高玲　田　侃　华　东　汤少梁
孙瑞玲　杨　勇　宋宝香　张　丽
陈　娜　姚峥嵘　钱爱兵　熊季霞

秘　　书 赵明星

《市场营销专业导论》
(第2版)
编写委员会

主　编　宋宝香

副主编　王　莉　徐　佩　陈丹丹

编　委　（以下按姓氏笔画排序）

　　　　　王希泉　王慧华　史　伟

　　　　　孙文婷　曾　智

序

我国的高等学校分为研究型大学、教学型大学和应用型大学。目前,综合性的院校立足于建设研究型大学,普通高等院校偏向于建设教学型大学,职业技术高校的侧重点在建设应用型大学。传统的本科教育一直注重理论教学,这种教育模式使得学生缺乏实践能力。中医药教育同时兼备了研究、教学与应用的功能,南京中医药大学为了建设一流的中医药大学,将理论性和实践性结合,推出了专业导论系列教材。

本套医药卫生管理专业导论系列教材是我校卫生经济管理学院组织教学科研一线教师精心编写的本科专业课程指导教材。本套教材首次作为各个专业的指导教材,凝结了教师多年的教学经验,从专业角度出发对课程进行全面而系统的概括。

教材着眼于新生专业课程的入门教育,希望专业导论的开展能够使学生对专业学习有一个宏观的把握,更好地了解专业课程设置的背景和目的,了解本专业中的教学要求以及存在的问题,树立正确的专业认知。教材同时对学科的发展脉络进行了梳理,能够对学生今后的学习和就业提供一定的指导和借鉴。

本套教材有如下基本特点:

1. 专业区分明确。本系列教材主要包括公共事业管理专业导论、药事管理专业导论、国际经济与贸易专业导论、大数据管理与应用导论、信息管理与信息系统专业导论、市场营销专业导论、健康服务与管理专业导论等。每本教材严格按照国家教育部专业目录基本要求和学校的专业培养目标编写,更加突出培养人才的专业性趋势,使学生更加具有社会竞争的优势。

2. 注重基础把握。在高等中医药院校中,医学卫生管理类专业属于交叉学科,也属于边缘学科,以往的教材侧重于对专业整体导向的把握,对中医药却少有涉及。本套系列教材结合中医药特色,充分研究论证专业人才的素质要求、学科体系构成,旨在培养适应社会主义新时代和中医药发展需要,同时具备中医药基本理论、基本知识、基本技能的专业人才。

3. 重视能力培养。本系列教材是为了提高学生专业能力而设置的专业导论,在课堂讲授的同时,也设置一定量的练习题,使学生能够更好地挖掘学习资源,提高学生自主学习和探索的能力。同时在一些课程中增加了实际案例,使之更具有趣味性和实用性,以进一步培养学生的专业素养。

4. 适用教学改革。按照高等学校教学改革的要求,专业导论本着精编的原则,切实减轻学生负担。全套教材在精炼文字的同时,更加注重提高内容质量,根据学科特点编写,更加切合学生学习的需要。

当前国内尚未出版针对专业教学的指导教材用书,本套系列教材也算是摸着石头过河的探索,我赞赏我校卫生经济管理学院老师认真负责的态度和锐意创新的精神,欣然应允为本套创新教材作序。

黄桂成

2014 年 9 月(初稿)

2021 年 6 月(二稿)

再版前言

随着新兴信息技术的不断发展,数字经济已经来临,数字营销成为企业营销的必然趋势,与之相匹配的营销复合型人才培养已成为学术界和企业界共同关注的问题。新文科建设背景下,市场营销专业以应用型人才培养为导向,不仅为学生构建全面综合的专业基础理论体系,也将着力点集中于提升学生的实践能力,培养学生的创新精神和创业能力,从而能够积极适应社会需求并应对日益激烈的社会竞争。随着《"健康中国2030"规划纲要》的部署和我国医疗行业改革的不断深化,作为医药院校的市场营销专业,具有鲜明的专业特色,不仅能够契合现阶段我国大健康产业发展的需要,更具有培养行业特色的复合型人才的优势资源。

市场营销专业导论是一部专门为市场营销专业新生进入大学本科阶段专业学习而编写的入门教材。通过课程介绍使学生明确市场营销专业的培养目标、计划以及就业趋势,了解市场营销专业的课程设置和实践环节安排,理解市场营销专业理论与其他经济管理学科的关联与交叉。同时,依托于医药类院校专业背景,导论内容中嵌入医学药学相关模块课程,实用性强,具有一定的学术价值,旨在为新生搭建好开启专业学习的第一级台阶。

市场营销学是一门建立在经济科学、行为科学、管理科学和现代管理技术基础之上的实用科学,主要研究市场营销活动及其规律,具有综合性、边缘性、实践性和应用性特点,属于管理学范畴的核心课程。同时,在传统市场营销方法理论和策略研究的基础上,结合当前信息技术与互联网发展和应用,本专业导论内容也将融入信息技术发展和市场营销创新的内容和方法,对于传统理论框架积极创新拓展,使专业内容做到与时俱进。

本书共分为七章节,主要介绍了市场营销专业的沿革与发展、市场营销专业培养目标及人才素质要求、市场营销专业的学科基础、市场营销专业课程体系设置、市场营销专业的教学安排及学习方法、毕业就业及继续教育、市场营销专业学习辅导信息等内容。

本市场营销专业导论是由南京中医药大学卫生经济管理学院市场营销专业的全体教师共同努力编撰完成,并在原版的基础上进行了修订。各章编写修订分工为:第一章由徐佩撰写修订;第二章由王希泉撰写修订;第三章由史伟撰写修订;第四章由陈丹丹撰写修订;第五章由王慧华撰写修订;第六章由曾智撰写修订;第七章由王莉撰写修订;附录及参考文献部分由孙文婷撰写修订;整本书由宋宝香负责统稿。

由于作者水平有限,书中不成熟和值得商榷的地方在所难免,敬请读者批评指正!

编者
2021年9月于南京

目 录

第一章 市场营销专业的沿革与发展

第一节 市场营销专业及其相关学科 …………………… 001
一、学科定位 …………………………………………… 001
二、学科结构 …………………………………………… 002
三、与相邻学科的关系 ………………………………… 003

第二节 市场营销专业的产生与国内外发展 …………… 005
一、国外发展情况 ……………………………………… 005
二、国内发展情况 ……………………………………… 009

第三节 南京中医药大学市场营销专业的状况与特色 … 011
一、专业历史与现状 …………………………………… 011
二、专业办学方向与培养目标 ………………………… 013
三、专业特色 …………………………………………… 014

第二章 市场营销专业培养目标及人才素质要求

第一节 专业培养目标 …………………………………… 018
一、专业分析 …………………………………………… 018

二、专业培养目标 ·· 020
第二节　人才素质要求 ·· 020
一、基本要求 ·· 020
二、知识要求 ·· 021
三、能力要求 ·· 022
四、素质要求 ·· 023
第三节　相近专业的人才培养目标及人才素质要求 ······················ 024
一、工商管理 ·· 024
二、广告学 ·· 026
三、金融专业 ·· 028
第四节　医药院校市场营销专业人才培养目标及人才素质要求的
　　　　实现途径 ·· 029
一、医药院校市场营销专业人才培养目标 ································ 029
二、医药院校市场营销专业人才素质要求的实现途径 ·············· 032

第三章　市场营销专业的学科基础

第一节　市场营销学科的发展历史 ······························· 035
第二节　市场营销学科中的经典理论范式 ························· 038
一、营销管理范式 ·· 038
二、全方位营销范式 ·· 041
第三节　市场营销学的研究方法 ································· 046
一、商品研究法 ·· 046
二、机构研究法 ·· 046
三、功能研究法 ·· 047
四、管理研究法 ·· 047
五、行为研究法 ·· 047
六、系统研究法 ·· 048

第四章　市场营销专业课程体系设置

第一节　课程设计思路 ……………………………………… 049
一、以专业人才培养目标为导向 ……………………………… 049
二、学科理论知识与专业实践技能并重 ……………………… 050
三、数字化和网络化是趋势 …………………………………… 050
四、医药行业是特色 …………………………………………… 050

第二节　课程设计原则 ……………………………………… 051
一、目标性原则 ………………………………………………… 051
二、基础性原则 ………………………………………………… 051
三、整合优化原则 ……………………………………………… 052
四、选择性原则 ………………………………………………… 052
五、学生主体原则 ……………………………………………… 052

第三节　课程主要模块 ……………………………………… 053
一、工商管理类课程模块 ……………………………………… 054
二、市场营销类课程模块 ……………………………………… 056
三、医药类课程模块 …………………………………………… 059

第四节　实验实践教学 ……………………………………… 061
一、主要专业实验（实训） …………………………………… 061
二、综合实践环节 ……………………………………………… 063

第五章　市场营销专业的教学安排与学习方法

第一节　教学安排 …………………………………………… 064
一、课程设置 …………………………………………………… 065
二、指导性教学进程安排 ……………………………………… 068

第二节　教学环节 …………………………………………… 073
一、课前准备 …………………………………………………… 073
二、导入环节 …………………………………………………… 073
三、讲授新课 …………………………………………………… 074

四、课堂小结 …… 075
　　五、巩固练习 …… 075
第三节　专业学习方法的建议 …… 075
　　一、大学的学习特点 …… 075
　　二、大学学习之道 …… 078
第四节　考核要求 …… 082
　　一、课程考核 …… 083
　　二、毕业实习考核 …… 084
　　三、毕业论文考核 …… 085
　　四、毕业考核 …… 087

第六章　毕业就业及继续教育

第一节　毕业要求 …… 088
　　一、思想行为及素质规范等方面毕业要求 …… 089
　　二、专业知识与专业技能方面毕业要求 …… 090
第二节　就业前景 …… 091
　　一、市场营销专业发展具有潜力 …… 092
　　二、市场营销专业本科毕业生未来的机遇与挑战 …… 093
　　三、医药类高校营销专业学生就业优势 …… 093
　　四、南京中医药大学卫生经济管理学院市场营销专业就业形势分析 …… 094
第三节　市场营销专业考研 …… 095
　　一、市场营销专业考研基本情况介绍 …… 095
　　二、报考研究生应注意的问题 …… 096
　　三、招收市场营销相关专业硕士研究生的院校分析 …… 099
第四节　相关职业资格认证 …… 101
　　一、营销师职业资格认证 …… 102
　　二、数字营销人才认证体系 …… 103

第七章　市场营销专业学习辅导

第一节　专业名人 ··· 105
一、菲利普·科特勒 ··· 105
二、唐·舒尔茨(Don E. Schultz) ······························· 109
三、卢泰宏 ··· 111
四、王永贵 ··· 112

第二节　专业名著 ··· 113
一、《营销管理》 ··· 113
二、《混沌时代的管理和营销》 ································· 114
三、舒尔茨系列著作 ··· 115
四、《消费者行为学》第12版(中国版) ························ 118
五、《定位》 ·· 118
六、《世界上最伟大的推销员》 ································· 119

第三节　专业名刊 ··· 120

第四节　专业相关网站 ·· 121

附录　国内高校本科人才培养方案概况

参考文献 ··· 129

第一章
市场营销专业的沿革与发展

第一节　市场营销专业及其相关学科

一、学科定位

1. 市场营销

市场营销(Marketing)又称为市场学、市场行销或行销学，简称"营销"，我国台湾地区常称作"行销"。它包含两种含义，一种是动词理解，另一种是名词解释。关于市场营销的定义，权威的有以下四种。

(1) 美国市场营销协会认为：市场营销是创造、沟通与传送价值给顾客及经营顾客关系以便让组织与其利益关系人受益的一种组织功能与程序，是一种最直接有效的营销手段。

(2) 菲利普·科特勒(Philip Kotler)认为：市场营销是个人和集体通过创造并同他人交换产品和价值以满足需求和欲望的一种社会和管理过程。该定义强调了营销的价值导向。菲利普·科特勒于1984年对市场营销又下了定义，即市场营销是指企业的这种职能：认识未满足的需要和欲望，估量和确定需求量大小，选择和决定企业能最好地为其服务的目标市场,并决定适当的产品、劳务和计划(或方案),以便为目标市场服务。

(3) 美国著名市场营销学家麦卡锡(E. J. McCarthy)于1960年对微观市场营销下了定义:市场营销是企业经营活动的职责,它将产品及劳务从生产者直接引向消费者或使用者以便满足顾客需求及实现公司利润,同时也是一种社会经济活动过程,其目的在于满足社会或人类需要,实现社会目标。这一定义虽比美国市场营销协会的定义前进了一步,指出了满足顾客需求及实现企业赢利成为公司的经营目标,但这两种定义都说明市场营销活动是在产品生产活动结束时开始的,中间经过一系列经营销售活动,当商品转到用户手中就结束了,因而把企业营销活动仅局限于流通领域的狭窄范围,而不是视为企业整个经营销售的全过程,即包括市场营销调研、产品开发、定价、分销广告、宣传报道、销售促道、人员推销、售后服务等。

(4) 格隆罗斯认为:所谓市场营销就是在变化的市场环境中,旨在满足消费需要实现企业目标的商务活动过程,包括市场调研、选择目标市场、平台开发、产品促销等一系列与市场有关的企业业务经营活动。该定义强调了营销的目的。

2. 市场营销学

市场营销学是系统地研究以市场为中心的企业整体市场营销活动的一般过程及其发展变化的一般性规律性的一门学科,是建立在经济科学、行为科学、现代管理理论和现代科学技术基础之上的综合性应用学科,具有全程性、综合性、实践性特点。市场营销学的基本任务和目的是为企业的市场营销实践活动提供基本的理论、思路和方法,提高企业适应市场需求及环境变化的能力,增强企业营销活动的有效性,促进企业的生存与发展,取得良好的综合社会经济效益。"市场营销学"是管理类各专业的必修课,同时还是人文、哲学、社会科学等专业的重要课程。

二、学科结构

麦卡锡(E. J. McCarthy)在其代表作《基础市场学》中明确指出,任何商品经济社会的市场营销均存在两个方面:一方面是宏观市场营销;另一方面是微观市场营销。宏观市场营销是把市场营销活动与社会联系起来,着重阐述市场营销与满足社会需要、提高社会经济福利的关系,它是一种重要的社会过程。微观市场营销是指企业活动或企业职能,是研究如何从顾客需求出发,将产品或劳务从生产者转到消费者手中,实现企业赢利目标。它是一种企业经济活动的过程。因此,市场营销学既包括宏观营销学又包括微观营销学。

1. 宏观市场营销学

宏观市场营销学以提高社会整体利益为目标,研究营销系统的社会功能和效用,强调通过法律规范和政府调控引导产品和服务从生产者流转到消费者,求得社会生产与社会需要之间的平衡,保证社会整体经济持续、健康地发展。

2. 微观市场营销学

微观市场营销学研究企业如何引导产品和服务从生产者流向目标顾客,满足顾客的需要和欲望,从而实现包括赢利在内的经营目标。以各类企业的整体性市场营销活动的一般过程和规律性为对象的研究,形成了市场营销学中的一般性综合学科,如市场营销学原理、市场营销学概论等;以各类企业整体性市场营销活动中的某一个基本方面或其中某些环节的共性问题为对象的研究,形成了市场营销学中的一般性专业学科,如市场调查与预测分析、目标市场研究、营销战略研究、市场营销组合研究、产品生命周期及营销对策研究、市场营销各种职能的研究等;以某类(种)产品、业务的市场营销活动或某类(种)企业的整体或其中某个方面、某个环节的营销活动的特性问题为对象的研究,形成了市场营销学中的行业性专业学科,如消费品、产业用品市场营销学,农业企业、工业企业和商业企业市场营销学,国际市场营销学等;以世界各国市场营销的理论与实践的比较研究为对象的比较性学科,如国际比较市场营销学等。

三、与相邻学科的关系

市场营销学的发展是一个兼容并蓄的过程。市场营销学自 20 世纪初产生以来,就充分吸收了经济学、心理学和社会学等学科的研究成果,这些学科都为其发展奠定了坚实的理论基础。市场营销学博采众家之所长,逐步形成为一门具有特定研究对象和研究方法的独立学科。

1. 市场营销学与经济学

市场营销学借鉴并应用了许多经济学概念与理论,经济学是其重要的理论基础,而且由于早期市场营销方面的学者基本上都是经济学家,因而其长期被作为经济学的一个分支来看待。经济学是研究人与社会如何花费时间选择使用稀缺生产资源去生产各种商品并将它们用于消费。消费者的满足是以式样、时间、地点和占有情况这四种经济效用为前提,而市场营销提供了后三种效用。所以说,市场营销是一种很重要的经济活动。现在,市场营销学与经济学的结合更加紧密,形成了一些交叉的课程,如消费经济学、零售经济学、广告经济学和市场营销经济学等。随着经济新理论和新分析工具的出现,经济学将进一步促进市场营销学的发展。

2. 市场营销学与心理学

心理学是研究人们的心理、意识和行为以及个体如何作为一个整体,其研究对象就是人。而人正是市场营销活动的主体,也是市场营销学研究的对象。由于两者研究对象的相同,也就逐步形成了一门专门研究营销心理活动的新学科——市场营销心理学。市场营销心理学早期的研究集中于广告促销心理行为的研究。20世纪70年代末,以德国学者彼德·萨尔曼的《市场心理学》为代表,市场营销心理学进入完善和成熟期,其研究领域几乎涵盖营销活动的全过程。它不仅研究营销活动中广告促销心理和消费者的心理,同时也研究市场细分和厂商对中间商、推销人员的心理策略。比如,消费者购买行为的分析中主要应用了心理学的认知理论和动机理论。分析消费者对产品和服务的知觉、注意、态度、兴趣、体验和记忆等认知过程以及研究消费者购买动机。

3. 市场营销学与社会学

社会学的观点主要应用于市场分析,其中,又以消费者行为为主要因素。参照群体、家庭、社会阶层、文化和亚文化等都是社会学中重要的概念,它们是消费者行为分析的重要的理论基础。这些因素都会影响到消费者的购买行为,也将直接决定企业营销策略的选取。市场营销学者越来越重视市场营销活动中参与者之间的社会关系,因此,社会学的观点和方法将会在市场营销学中得到更为广泛的应用。

第二节　市场营销专业的产生与国内外发展

一、国外发展情况

市场营销学于20世纪30年代产生于美国,随后广泛应用于各个领域。20世纪50年代市场营销学开始传播到其他西方国家。日本于50年代初开始引进市场营销学,1953年日本东芝电气公司总经理石坂泰三赴美参观访问,回到日本的第一句话是:"我们要全面学习市场营销学"。1955年日本生产力中心成立,1957年日本营销协会成立。这两个组织对推动营销学的发展起到了积极作用。20世纪60年代,日本经济进入快速发展时期,市场营销原理和方法广泛应用于家用电器工业,市场营销观念被广泛接受。60年代末70年代初,社会市场营销观念开始引起日本企业界的关注。从70年代后期起,随着日本经济的迅猛发展及国际市场的迅速扩大,日本企业开始从以国外各个市场为着眼点的经营战略向全球营销战略转变。20世纪50年代,市场营销学传播到法国,最初应用于英国食品公司在法国的分公司。60年代开始应用于工业部门,继而扩展到社会服务部门。1969年被引进到法国国营铁路部门。70年代初,市场营销学课程先后在法国各高等院校开设。20世纪60年代后,市场营销学被引入苏联及东欧国家。

几十年来,随着社会经济及市场经济的发展,市场营销学发生了根本性的变化,从传统市场营销学演变为现代市场营销学,其应用从营利组织扩展到非营利组织。当今,市场营销学已成为同企业管理相结合,并同经济学、行为科学、人类学、数学等学科相结合的应用边缘管理学科。市场营销学的产生与发展同商品经济的发展、企业经营哲学的演变是密切相关的。市场营销学自20世纪初诞生以来,其发展经历了五个阶段。

1. 萌芽阶段(1900—1920年)

这一时期,各主要资本主义国家经过工业革命,生产力迅速提高,城市经济迅猛发展,商品需求量亦迅速增多,出现了需大于供的卖方市场,企业产品价值实现不成问题。与此相适应的市场营销学开始创立。早在1902年,美国密歇根大学、加州大学和伊利诺伊大学的经济系开设了市场学课程。以后相继在宾夕法尼亚大学、匹兹堡大学、威斯康星大学开设此课。在这一时期,出现了一些市场营销研究的先驱者,其中最著名的有阿切·W.肖(Arch. W. Shaw)、巴特勒(Ralph Star. Bulter)、约翰·B.斯威尼(John B. Swirniy)及赫杰特齐(J. E. Hagerty)。哈佛大学教授赫杰特齐走访了大企业主,了解他们如何进行市场营销活动,于1912年出版了第一本销售学教科书,它是市场营销学作为一门独立学科出现的里程碑。

阿切·W.肖于1915年出版了《关于分销的若干问题》一书,率先把商业活动从生产活动中分离出来,并从整体上考察分销的职能。但当时他尚未能使用"市场营销"一词,而是把分销与市场营销视为一回事。

韦尔达、巴特勒和斯威尼在美国最早使用"市场营销"术语。韦尔达提出:经济学家通常把经济活动划分为3大类:生产、分配、消费。"生产被认为是效用的创造""市场营销应当定义为生产的一个组成部分""生产是创造形态效用,营销则是创造时间、场所和占有效用",并认为"市场营销开始于制造过程结束之时"。

这一阶段的市场营销理论同企业经营哲学相适应,即同生产观念相适应。其依据是传统的经济学,是以供给为中心的。

2. 功能研究阶段(1921—1945年)

这一阶段以营销功能研究为其特点。此阶段最著名的代表者有:克拉克(F. E. Clerk)、韦尔达(L. D. H. Weld)、亚历山大(Alexander)、瑟菲斯(Sarfare)、埃尔德(Ilder)及奥尔德逊(Alderson)。1932年,克拉克和韦尔达出版了《美国农产品营销》一书,对美国农产品营销进行了全面的论述,指出市场营销目的是"使产品从种植者那儿顺利地转到使用者手中"。这一过程包括三个重要又相互有关的内容:集中(购买剩余农产品)、平衡(调节供需)、分散(把农产品化整为零)。这一过程包括7种市场营销功能:集中、储藏、财务、承担风险、标准化、推销和运输。1942年,克拉克出版的《市场营销学原理》一书,在功能研究上有创新,把功能归结为交换功能、实体分配功能、辅助功能等,并提出了推销是创造需求的观点,实际上是市场营销的雏形。

3. 形成和巩固时期(1946—1955年)

这一时期的代表人物有范利(Vaile)、格雷特(Grether)、考克斯(Cox)、梅纳德(Maynard)及贝克曼(Beckman)。1952年,范利、格雷特和考克斯合作出版了《美国经济中的市场营销》一书,全面阐述了市场营销如何分配资源,指导资源的使用,尤其是指导稀缺资源的使用;市场营销如何影响个人分配,而个人收入又如何制约营销;市场营销还包括为市场提供适销对路的产品。同年,梅纳德和贝克曼在《市场营销学原理》一书中,提出了市场营销的定义,认为它是"影响商品交换或商品所有权转移,以及为商品实体分配服务的一切必要的企业活动"。梅纳德归纳了研究市场营销学的5种方法,即商品研究法、机构研究法、历史研究法、成本研究法及功能研究法。由此可见,这一时期已形成市场营销的原理及研究方法,传统市场营销学已形成。

4. 市场营销管理导向时期(1956—1965年)

这一时期的代表人物主要有:罗·奥尔德逊(Wraoe Alderson)、约翰·霍华德(John A. Howard)及麦卡锡(E. J. McCarthy)。奥尔德逊在1957年出版的《市场营销活动和经济行动》一书中,提出了"功能主义"。霍华德在《市场营销管理:分析和决策》一书中,率先提出从营销管理角度论述市场营销理论和应用,从企业环境与营销策略二者关系来研究营销管理问题,强调企业必须适应外部环境。麦卡锡在1960年出版的《基础市场营销学》一书中,对市场营销管理提出了新的见解。他把消费者视为一个特定的群体,即目标市场,企业制定市场营销组合策略,适应外部环境,满足目标顾客的需求,实现企业经营目标。

5. 协同和发展时期(1966—1980年)

这一时期,市场营销学逐渐从经济学中独立出来,同管理科学、行为科学、心理学、社会心理学等理论相结合,使市场营销学理论更加成熟。在此时期,乔治·道宁(George S. Downing)于1971年出版《基础市场营销:系统研究法》一书,提出了系统研究法,认为公司就是一个市场营销系统,应把市场营销视为"企业活动的总体系统,通过定价、促销、分配活动,并通过各种渠道把产品和服务供给现实的和潜在的顾客"。他还指出,公司作为一个系统,同时又存在于一个由市场、资源和各种社会组织等组成的大系统之中,它将受到大系统的影响,同时又反作用于大系统。

1967年,美国著名市场营销学教授菲利普·科特勒(Philip Kotler)出版了 *Marketing Management: Application, Planning, Implemention and Control*,该著作全面、系统地发展了现代市场营销理论。他精辟地对营销管理下了定义:营销管理就是通过创造、建立和保持与目标市场之间的有益交换和联系,以达到组织的各种目标而进行的分析、计划、执行和控制过程。并提出市场营销管理过程包括:分析市场营销机会,进行营销调研,选择目标市场,制定营销战略和战术,制订、执行及调控市场营销计划。菲利普·科特勒突破了传统市场营销学认为营销管理的任务只是刺激消费者需求的观点,进一步提出了营销管理任务还影响需求的水平、时机和构成,因而提出营销管理的实质是需求管理,还提出了市场营销是与市场有关的人类活动,既适用于营利组织,也适用于非营利组织,扩大了市场营销学的范围。

6. 分化和扩展时期(1981年—)

在此期间,市场营销领域又出现了大量丰富的新概念,使得市场营销这门学科出现了变形和分化的趋势,其应用范围也在不断地扩展。

1981年,莱维·辛格和菲利普·科特勒对"市场营销战"这一概念以及军事理论在市场营销战中的应用进行了研究,几年后,列斯和特罗出版了《市场营销战》一书。1981年,瑞典经济学院的克里斯琴·格罗路斯发表了论述"内部市场营销"的论文,科特勒也提出要在企业内部创造一种市场营销文化,即使企业市场营销化的观点。1983年,西奥多·莱维特对"全球市场营销"问题进行了研究,提出过于强调对各个当地市场的适应性,将导致生产、分销和广告方面规模经济的损失,从而使成本增加。因此,他呼吁多国公司向全世界提供一种统一的产品,并采用统一的沟通手段。1985年,巴巴拉·本德·杰克逊提出了"关系营销""协商推销"等新观点。1986年,菲利普·科特勒根据国际市场及国内市场贸易保护主义抬头而出现封闭市场的状况,提出了大市场营销理论,即"6P"战略:原来的"4P"(产品、价格、分销及促销)加上两个"P"——政治权力及公共关系。他提出了企业不应只被动地适应外部环境,也应该影响企业的外部环境的战略思想。在此期间,"直接市场营销"也是一个引人注目的新问题,其实质是以数据资料为基础的市场营销,由于事先获得大量信息和电视通信技术的发展才使直接市场营销成为可能。

20世纪90年代以来,关于市场营销、市场营销网络、政治市场营销、市场营销决策支持系统、市场营销专家系统等新的理论与实践问题开始引起学术界和企业界的关注。进入21世纪,互联网的发展与应用,推动着网上虚拟发展,基于互联网的网络营销得到迅猛发展。

二、国内发展情况

新中国建立之前,我国虽曾对市场营销学有过一些研究(当时称"销售学"),但也仅限于几所设有商科或管理专业的高等院校。在1949—1978年间,除了我国台湾和港澳地区的学术界、企业界对这门学科已有广泛的研究和应用外,在整个中国内地,市场营销学的研究一度中断。在这长达30多的时间里,国内学术界对国外市场营销学的发展情况知之甚少。十一届三中全会以后,党中央提出了对外开放、对内搞活的总方针,从而为我国重新引进和研究市场营销学创造了有利的环境。1978年,北京、上海、广州的部分学者和专家开始着手市场营销学的引进研究工作。虽然当时还局限在很小的范围内,而且在名称上还称为"外国商业概论"或"销售学原理",但毕竟在市场营销学的引进上迈出了第一步。1984年1月,中国高校市场学会成立,继而各省先后成立了市场营销学会。这些营销学术团体对于推动市场营销学理论研究及在企业中的应用起了巨大的作用。经过十几年的时间,我国对于市场营销学的研究、应用和发展已取得了可喜的成绩。如今,市场营销学已成为各高校的必修课,市场营销学原理与方法也已广泛地应用于各类企业。从我国市场营销学的整个发展过程来看,大致经历了以下五个阶段。

1. 引进时期(1978—1982年)

在此期间,通过对国外市场营销学著作、杂志和国外学者讲课的内容进行翻译介绍,选派学者、专家到国外访问、考察、学习,邀请外国专家和学者来国内讲学等方式,系统介绍和引进了国外市场营销理论。但是,当时该学科的研究还局限于部分大专院校和研究机构,从事该学科引进和研究工作的人数还很有限,对于西方市场营销理论的许多基本观点的认识也比较肤浅,大多数企业对于该学科还比较陌生。然而,这一时期的努力毕竟为我国市场营销学的进一步发展打下了基础。

2. 传播时期(1983—1985年)

经过前一时期的努力,全国各地从事市场营销学研究、教学的专家和学者开始意识到,要使市场营销学在中国得到进一步的应用和发展,必须成立各地的市场营销学研究团体,以便相互交流和切磋研究成果,并利用团体的力量扩大市场营销学的影响,推进市场营销学研究的进一步发展。1984年1月,全国高等综合大学、财经院校市场学教学研究会成立。在以后的几年时间里,全国各地各种类型的市场营销学研究团体如雨后春笋般成立。各团体在做好学术研究和学术交流的同时,还做了大量的传播工作。例如,广东市场营销学会定期出版了会刊《营销管理》,全国高等综合大学、财经院校市场学教学研究会在每届年会后都向会员印发各种类型的简报。各团体分别举办了各种类型的培训班、讲习班。有些还通过当地电视台、广播电台举办了市场营销学的电视讲座和广播讲座。通过这些活动,既推广、传播了市场营销学知识,又扩大了学术团体的影响。在此期间,市场营销学在学校教学中也开始受到重视,有关市场营销学的著作、教材、论文在数量和质量上都有很大的提高。

3. 应用时期(1986—1988年)

1985年以后,我国经济体制改革的步伐进一步加快,市场环境的改善为企业应用现代市场营销原理指导经营管理实践提供了有利条件,但各地区、各行业的应用情况又不尽相同,具体表现为:① 以生产经营指令性计划产品为主的企业应用得较少,以生产经营指导性计划产品或以市场调节为主的产品的企业应用得较多、较成功;② 重工业、交通业、原材料工业等和以经营生产资料为主的行业所属的企业应用得较少,而轻工业、食品工业、纺织业、服装业等以生产经营消费品为主的行业所属的企业应用得较多、较成功;③ 经营自主权小、经营机制僵化的企业应用得较少,而经营自主权较大、经营机制灵活的企业应用得较多、较成功;④ 商品经济发展较快的地区(尤其是深圳、珠海等经济特区)的企业应用市场营销原理的自觉性较高,应用得也比较好。在此期间,多数企业应用市场营销原理时,偏重于分销渠道、促销、市场细分和市场营销调研部分。

4. 扩展时期(1988—1994年)

在此期间,无论是市场营销教学研究队伍,还是市场营销教学、研究和应用的内容,都有了极大的扩展。全国各地的市场营销学学术团体,改变了过去只有学术界、教育界人士参加的状况,开始吸收企业界人士参加。其研究重点也由过去的单纯教学研究,改为结合企业的市场营销实践进行研究。全国高等综合大学、财经院校市场学教学研究会也于1987年8月更名为"中国高等院校市场学研究会"。学者已不满足于对市场营销一般原理的教学研究,而对其各分支学科的研究日益深入,并取得了一定的研究成果。在此期间,市场营销理论的国际研讨活动进一步发展,这极大地开阔了学者们的眼界。1992年春,邓小平南方谈话以后,学者们还对市场经济体制的市场营销管理、中国市场营销的现状与未来、跨世纪中国市场营销面临的挑战、机遇与对策等重大理论课题展开了研究,这也有力地扩展了市场营销学的研究领域。

5. 国际化时期(1995年—)

1995年6月,由中国人民大学、加拿大麦吉尔大学和康克迪亚大学联合举办的第五届市场营销与社会发展国际会议在北京召开。中国高等院校市场学研究会等学术组织作为协办单位,为会议的召开做出了重要的贡献。来自46个国家和地区的135名外国学者和142名国内学者出席了会议。25名国内学者的论文被收入《第五届市场营销与社会发展国际会议论文集》(英文版),6名中国学者的论文荣获国际优秀论文奖。从此,中国市场营销学者开始全方位、大团队地登上国际舞台,与国际学术界、企业界的合作进一步加强。

第三节 南京中医药大学市场营销专业的状况与特色

一、专业历史与现状

南京中医药大学市场营销专业于2004年创办,积累了丰富的专业建设经验。已形成本科一个办学层次教育,在同类院校中本专业具有一定影响力。本专业紧扣专业核心,结合医药、医疗行业对营销人才的需求,依托学校丰富的办学资源,在课程体系设计、人才培养模式、校内外实践基地建设、师资队伍建设等方面深化变革和创新,取得了较为显著的建设成效。

1. 因时因需打造专业课程体系,彰显中医药特色和优势

专业课程体系的构建以国家相关标准和学校定位要求为根本宗旨,依托学校中医药特色和资源优势,专业课程体系的打造以市场营销专业基础课程为核心,同时开设医药课程模块,下设药学概论、药剂学、中医学通论、中医养生适宜技术、针灸推拿学等10余门课程。市场营销专业与医药专业的深度耦合,夯实了专业的医药基础,提升了专业的异质性和辨识度,更有利于培养为医药行业服务的"知医懂药,知管理懂营销"的复合型高素质营销人才。

2. 坚持推行实践教学改革创新,大力提升学生实践能力

市场营销专业是学校推行实践教学改革创新的先行专业。通过与医药企业合作办学以及对人才培养模式的变革创新,努力为学生创设理论联系实际的实践平台。2005年,与先声药业合作开设"先声班"。2010年,开创校企合作办学密切合作的新模式"先声商学院"。"先声班"与"先声商学院"连续多年为医药行业输送大量实践能力强、综合素养高的优秀毕业生。2017年,专业实施"3+1"培养新模式,积极拓展实践教学的新途径,逐步建立起以培养学生职业能力、职业素养为核心的实践课程体系。专业认知实践、企业参观、专著阅读、课程实践、集中实践、学科竞赛、毕业实习和毕业论文等实践教学环节贯穿于四年专业学习全过程,实现学生实践能力提升的可持续性。

3. 积极开拓校外实践基地,建立可持续合作的长效机制

以校外实践教学实训基地建设为重点,吸纳社会资源,建立合作关系相对稳定、能够深度合作的校外学生实训基地。先后拓展建设先声药业、康缘药业、扬子江药业、南京医药、阿斯利康、辉瑞医药、泰康、仙林、鼓楼医院等16家实习基地。根据"共建、共管、共享"的校企合作建设基地思路,校企合作开发实训项目和实训教材,全面推进实训实习实验教学改革,完善校外实训基地运行机制和管理制度,使基地建设和管理工作达到同类院校先进水平。

4. 重视学生创新创业素质教育，创新创业成绩显著

专业坚持"以学生为本"的理念，建立了学业导师指导制度和本科生导师制度，形成了对学生整个学习过程的跟踪和督导机制，保障人才培养质量。学生创新创业能力不断增强，在大学生"挑战杯"大赛、"互联网＋"大赛、营销技能大赛等各类学科竞赛中多次获得国家级奖项、省部级奖项。学生主持、参与国家级与省级大学生创新创业项目20多项。

5. 坚持教学质量保障与监控体系改革，实现人才培养质量持续改进

专业以教学反思作为教学质量改进的起点，构建校院督导听课—同行评价—评教评学—教学竞赛—经验交流—优秀教学奖一体化教学质量保障与监控模式，实现教学常规化，质量监控多样化。"前馈控制—过程控制—后馈控制"的教学质量保障环路，确保了人才培养质量的持续改进。

6. 建设专兼结合的"双师型"教学团队，教学科研成果突出

以"双师型"教学团队建设为重点，突破现有体制，以专业带头人为核心，以专业教研室为载体，逐渐增大中医药行业企事业单位一线的专业技术人才兼职教师选聘量，构建专兼结合、结构合理、动态组合、团结合作的"双师型"专业教学团队。目前教师团队的学历、职称、年龄、学缘等结构合理，对专业的人才培养目标提供有力的师资保障。近年来，专业教师在校级教学竞赛中多次获奖，主持参与多项科研项目，学术论文和学术专著成绩突出。

二、专业办学方向与培养目标

坚持以马列主义、毛泽东思想、中国特色社会主义理论为指导，全面贯彻党的教育方针，体现"教育要面向现代化、面向世界、面向未来"的时代精神和我校"仁德、仁术、仁人"的教育理念。培养能为中华民族伟大复兴、为中医药卫生事业振兴而献身，适应社会主义经济建设和现代化建设需要，适应国家健康发展战略需求，具有中医文化特色和全球化视野、基础扎实、知识面宽、素质高、创新能力强的专业人才。毕业生掌握市场营销和工商管理基本理论、知识和技能，能胜任（医药）企业、卫生服务机构营销调研、市场策划、广告策划、市场开发、品牌管理、产品管理、销售管理、市场维护等岗位工作。

三、专业特色

1. 营销基本理论与医药行业的结合

医药院校市场营销专业人才的培养有别于综合类市场营销专业人才的培养。医药市场营销人才一个最大的特点就是医药专业性的要求,一个优秀的医药营销人员必须具备一定的医药背景专业知识。因此,南京中医药大学市场营销专业立足现代医药行业,在推进全面素质教育的同时,重视专业素质的培养,依托学校中医药特色和资源优势,形成了以中医药为核心的现代医药营销特色,致力打造学生营销、医药双背景的核心竞争优势。南京中医药大学市场营销专业培养目标是根据国家方针政策、经济社会发展对市场营销专业人才的知识、能力素质要求,根据医药经济发展对市场营销专业人才的要求来设立的,在就业方向、人才类型和质量方面,都能够适应医药经济的发展,符合医药特色的人才培养模式,培养具有创新精神的复合型高级营销人才。经过多年的人才市场检验,本专业学生的就业率和满意度在南京中医药大学都保持着较高水平。

2. 营销基本理论与营销实践的结合

营销专业是理论和实践紧密结合的一门学科,营销理论必须在实践中运用才能有商业价值,同时营销实践也是营销理论创新的源泉。本专业实践教学体现在课堂教学的实践环节和课外实习及实践活动上,包括案例分析、实验课、课程的课间实习,开展读书活动和学术活动,参与课外科技活动和教师的科研项目,参加大学生"挑战杯"大赛,参加大学生创业实践项目,进行市场调研、市场策划、毕业专题实习及假期社会实践活动等内容。本专业先后购买或开发了"外贸实习平台""电子商务实验""物流实验""财务管理""市场营销""奥派人力资源""企业沙盘"等多套软件,用于实验教学。在专业老师的指导下,"商业策划""模拟销售""企业沙盘"等实践教学活动也开展得如火如荼,并深受学生欢迎。自2017年以来,专业实施"3+1"培养新模式。专业认知实践、企业参观、专著阅读、课程实践、集中实践、学科竞赛、毕业实习和毕业论文等实践教学环节贯穿于专业四年学习全过程。在校外实践方面,多年以来,本专业利用良好的校企合作关系,在省内建立了如康缘药业、先声药业、南京医药、阿斯利康、辉瑞医药等多家校外实习基地,能为学生创造良好的实践和创新环境,学生通过实习能够迅速提高自身的适应能力和综合素质,进一步培养创新能力。

3. 统一人才培养与订单式人才培养的结合

本专业在做好统一型人才培养教学实践工作的同时,积极探索符合企业特殊需求的校企合作办学模式。这种培养模式是把企业纳入高校学生培养的要素体系中,把企业引入培养的全过程,形成校方、企业共同参与和学生互动的格局。市场营销专业在校企合作中又发展出"先声模式"和"康缘模式"两种不同的培养模式。

"先声模式"是南京中医药大学和先声药业合作培养高素质管理人才和高端营销人才的平台。"先声模式"的基本产物是双方联合创办的"先声班",后发展为规模更大的"先声商学院",学生除了学习本专业的课程,还要学习适合社会及企业发展实践需要的课程,由先声药业的资深讲师主讲。"先声模式"开创了南京中医药大学"订单式"培养人才的先河。

"康缘模式"是另一层面的校企合作培养模式。在这种模式下,相关专业的学生在完成基础课程学习之后,深入康缘药业。康缘药业作为学生专业课程学习的第一场所,部分专业课程由康缘药业的经理们讲授,课余时间参与企业的经营活动。

这类"订单式"人才培养模式以学校教育为基础,以企业人才需求为强化目标,企业跟踪定向培养学生,并提供实习实训基地等一切便利条件。该类模式旨在加强学院与企业的紧密联系,加强学生的社会实践,改革以学校和课堂为中心的传统人才培养模式,进行"学生—企业"零距离接触,量体裁衣,体现了"素质+个性""规范+创新",为企业培养专业化的创新型营销人才、职业化管理人才和国际化策划人才。通过校企教育资源的整合和优化,培养学生的职业能力和创新能力,提高学生的就业竞争力。

与企业对口联姻、双向渗透的"订单式"人才培养模式是落实就业导向、提升就业质量和就业率、解决人才供需矛盾的有效途径。"订单式"教育实现学校、学生、企业的三方共赢,充分发挥了校企联合的优势,最大限度地提高了学生的综合素质和实践技能。

第二章
市场营销专业培养目标及人才素质要求

市场营销专业是管理类一级学科、工商管理类二级门类下开设的专业,是与工商管理、会计学、人力资源管理、财务管理等并列的专业。本专业培养具备管理、经济、法律、市场营销等方面的知识和能力,能在企、事业单位及政府部门从事市场营销与管理以及教学、科研方面工作的工商管理学科高级专门人才。本专业学生主要学习市场营销及工商管理方面的基本理论和基本知识,接受营销方法与技巧方面的基本训练,具有分析和解决营销问题的基本能力。

目前国内开设市场营销专业的高校比较多。根据高三网的相关资料,各大高校 2020 年市场营销专业的排名如表 2-1 所示:

表 2-1 2020 年市场营销专业最好大学排名(728 所高校开此专业)

排名	高校名称	水 平
1	北京大学	5★+
2	浙江大学	5★

续表 2-1

排名	高校名称	水 平
3	西安交通大学	5★+
4	中国人民大学	5★+
5	重庆大学	5★+
6	南京大学	5★+
7	上海财经大学	5★+
8	中南财经政法大学	5★
9	华南理工大学	5★
10	重庆工商大学	5★
11	复旦大学	5★
12	西南财经大学	5★
13	华中科技大学	5★
14	西南大学	5★
15	山东大学	5★
16	东北财经大学	5★
17	北京理工大学	5★
18	对外经济贸易大学	5★
19	暨南大学	5★
20	吉林大学	5★

资料来源：http://www.gaosan.com/gaokao/294975.html

本章将主要针对市场营销专业培养目标及人才素质要求进行阐述，并对国内主要高校的人才培养方案加以介绍，使读者对市场营销专业的人才培养有一个相对全面的了解。

第一节 专业培养目标

一、专业分析

1. 专业就业面向定位分析

市场营销专业面向企、事业单位及政府部门,从事市场营销与管理工作,如产品(服务)销售市场开发、客户服务,策划、组织、执行产品和品牌市场推广方案,进行渠道管理与维护等工作,也可从事市场营销的教学、科研工作,可在国内外高校及研究机构中继续深造。

2. 职业岗位分析

市场营销职业岗位主要包括:市场调研、产品管理、广告策划、公关策划、促销策划、渠道管理、店面管理、销售代表、客户管理等。

(1)市场调研岗位:制定市场调查方案,组织实施市场调查项目,制作调研报告,收集各类市场情报及相关行业政策和信息,向客户管理层提出建议。

(2)产品管理岗位:进行企业产品宣传,并反馈、总结所有信息,收集和应用产品市场信息,策划新产品上市和已有产品更新换代,包括计划的制定、实施、广告创意、宣传文案的撰写及相关活动的策划与实施。

(3)广告策划岗位:制定与市场情况、产品状态、消费群体相适应的经济有效的广告计划方案并加以评估、实施和检验,为广告公司的整体经营提供良好的服务。

(4)公关策划岗位:制定和执行市场公关计划,开展公关关系调查,策划、主持重要的公关专题活动,建立和维护公共关系数据库,提供市场开拓及促销、展会、现场会方面的公关支持,协助接待企业来宾。

(5)促销策划岗位:根据企业整体规划,组织实施不同时间的促销活动,拟订各种促销方案,并监督各种促销方案的实施与效果评估。

(6)渠道管理岗位:制定分销战略规划,选择不同的分销方式与分销渠道,对分销渠道加以控制和评估,以确保渠道成员间、公司和渠道成员间的相互协调。

(7)店面管理岗位:按照企业制定的计划和程序开展产品推广活动,介绍产品并提供相关产品资料,对所管辖的零售店进行产品宣传、入店培训、样品陈列、公关促销等工作。

(8)商品推销岗位:开发市场,与顾客进行有效信息沟通;介绍产品,为顾客提供专业性支持。

(9)客户管理岗位:进行有效的客户管理和沟通,了解并分析客户需求情况,进行维护客户的方案规划,发展、维护良好的客户关系;建立售后服务信息管理系统(客户服务档案、质量跟踪及信息反馈)。

随着工作经验的积累,可以从普通销售人员上升到组织的基层管理者、中层管理者和高层管理者,成为销售经理、销售总监等,实现从销售岗位向管理岗位的变换。

表2-2 市场营销专业职业岗位群

主要职业能力	就业方向	主要业务岗位
营销管理	制造企业营销管理	市场部经理、销售主管、市场总监、促销员、市场调研员、产品调度等
	市场管理方向	部门经理、助理、店长、市场专员、现场促销员、服务业营销经理等
	物流管理方向	采购主管、计划员、采购员、仓管员
	广告方向	广告策划、广告创意、文案制作、项目经理、广告管理等
	企业营销策划方向	营销理念、产品策划、公共关系、渠道设计、促销策划等
拓展能力	行政管理	办公室主任、办公室主任助理、办公室管理人员
	财务管理方向	财务主管助理、财务人员
	服务与咨询	营销培训师、营销策划师

二、专业培养目标

1. 总体培养目标

坚持以马列主义、毛泽东思想、习近平中国特色社会主义思想为指导，全面贯彻党的教育方针，体现"教育要面向现代化、面向世界、面向未来"的时代精神和我校"仁德、仁术、仁人"的教育理念。培养能为中华民族伟大复兴、为中医药卫生事业振兴而献身，适应社会主义经济建设和现代化建设需要，适应国家健康发展战略需求，具有中医文化特色和全球化视野、基础扎实、知识面宽、素质高、创新能力强的专业人才。

2. 专业培养目标

毕业生掌握市场营销和工商管理基本理论、知识和技能，能胜任（医药）企业、卫生服务机构营销调研、市场策划、广告策划、市场开发、品牌管理、产品管理、销售管理、市场维护等岗位工作。

第二节 人才素质要求

一、基本要求

（1）热爱社会主义祖国，拥护中国共产党领导，学习马列主义、毛泽东思想和邓小平理论的基本原理和"三个代表"重要思想，具有爱国主义、集体主义、社会主义思想和良好的思想品德。

（2）具有为社会主义现代化建设服务，为人民服务，为国家富强、民族昌盛而奋斗的志向和责任感。遵守"爱国守法、明礼诚信、团结友善、勤俭自强、敬业奉献"的公民基本道德规范。

（3）具有严谨治学、求真务实、艰苦奋斗、团结协作的品质，具有创新精神和良好的职业道德。

（4）具有一定的体育和军事基本知识，达到国家规定的大学生体质健康标准,具备健全的心理和健康的体魄。

二、知识要求

本专业的知识结构:以高等数学、基础会计、管理学原理、统计学原理、微观经济学、宏观经济学、数据管理系统为基础理论知识;以市场营销、国际贸易、消费行为学、市场调研与预测、跨国公司经营管理、物流与供应链管理作为专业理论知识;以人力资源管理、生产与运作管理、电子商务为相关和拓宽知识,构成毕业生知识结构。

1. 基础理论知识

(1) 掌握管理学、经济学和现代市场营销学的基本理论、基本知识。
(2) 掌握市场营销的定性、定量分析方法。
(3) 具有较强的语言与文字表达能力及人际沟通能力。
(4) 掌握文献检索、资料查询的基本方法,了解本学科的理论前沿和发展动态,具有一定的科学研究和实际工作能力。
(5) 掌握一门外语,能较为熟练地运用外语进行涉外交流。
(6) 掌握计算机的原理与数据库管理系统原理。

2. 专业理论知识

(1) 掌握市场营销的基本理论及操作方法。
(2) 掌握市场调研与预测的基本理论与方法。
(3) 掌握营销企划的理论与方法。
(4) 掌握企业的投资、生产、经营、管理等方面的知识。
(5) 掌握物流系统运作原理和设计方法。
(6) 掌握财务管理的基本理论及运作。

3. 相关和拓宽知识

(1) 熟悉我国有关市场营销的方针、政策与法规,以及了解国际市场营销的惯例和规则。
(2) 了解消费者的消费行为和消费心理及商品销售的影响。
(3) 了解涉外商务谈判的策略、技巧以及有关谈判心理的知识。
(4) 了解经济生活中各类应用文的写作方法。

三、能力要求

1. 自学能力

具有查阅文献获得信息、了解本专业及相关学科发展动态与不断拓宽知识领域和提高业务水平的能力,为终生学习奠定基础。同时,具有知识自我更新的能力。

2. 业务能力

(1) 具有英语、计算机应用能力。

(2) 具有商务谈判及书面写作的能力。

(3) 具有本专业所必需的各类营销策划能力。

(4) 具有市场调查的计划、组织、实施和数据分析的能力。

(5) 具有营销管理能力。

(6) 具有广告策划能力。

(7) 具有分销渠道的管理能力。

(8) 具有从事企业管理相关业务活动的能力。

3. 实践能力

(1) 掌握本专业要求的计算机理论知识和操作技能。

(2) 具有较强的语言表达能力和文字表达能力,以及外语听说读写能力。

(3) 具有较强的人际沟通能力。

(4) 具有分析和解决营销实际问题的基本能力。

(5) 具有综合运用所学知识分析和解决实际问题的能力以及创新能力。

4. 职业能力

(1) 市场营销从业人员要进行市场调查与分析,产品或服务成本核算以及相关合同的制定与审核,并在有效完成工作任务时,能够与同事进行有效交流,协作完成市场营销职业活动。在完成任务的同时,还要考虑国际、国内市场环境、社会责任和生态保护对营销职业的不同要求,以及由于社会经济发展给职业活动带来的新变化,如网络的发展给市场调查资料的收集以及营销活动的实施方面带来的变革与发展。

(2) 市场营销从业人员应具有完成市场营销工作任务的整体思路,如通过市场调查与分析工作,制定营销策划方案,通过有效的沟通交流,积极加以实施;根据活动进展,采取有效措施,对业务活动加以监控;能在完整的工作背景下对业务活动进行有效组织,如借助其企业相关部门如生产、运输与财务部门的支持,合作完成业务活动。

（3）市场营销从业人员的一切业务活动应遵守相关的法令、法规及职业道德,还要关注消费者隐私、商业机密、知识产权保护和生态安全等有关问题。

（4）市场营销从业人员在完成工作任务时,一方面应用已有专业性知识和经验性知识,另一方面要关注职业发展动态,以扩展自己的行动能力。

四、素质要求

1. 思想道德素质

（1）热爱祖国,拥护中国共产党的领导,拥护党的基本路线、方针、政策,努力为人民服务,有事业心和责任感,能吃苦耐劳。

（2）拥护宪法,有民主和法制观念和公民意识,遵纪守法,知法、懂法、守法。

（3）树立科学的世界观和方法论,有正确的人生观和世界观、价值观;遵守职业道德、社会公德,有理想、有道德、有纪律、有文化,具有良好的社会道德,爱岗、敬业。

（4）具有高尚的人格,自尊、自强、自立、自爱、自重。

2. 专业素质

（1）掌握人文社科基础知识,能运用马列主义、毛泽东思想、邓小平理论分析问题、解决问题;掌握法律基础知识,能运用法律维护社会公共利益和个人合法利益。

（2）具有专业技术素质,能利用管理学和营销学知识组织和执行企业的营销管理;能利用市场调研知识、消费者行为知识分析解决一定的实际营销问题;能利用营销知识和促销方法解决现场问题。

（3）具有再学习、提高和更新知识、不断发展和拓宽业务领域的素质。

3. 心理素质

（1）有健康的心理素质及良好的文化修养。思维敏捷，思路开阔，逻辑性强，有信心、决心和恒心，沉着、理智、坦诚、热情、乐观、刚毅，能正确控制自己的情绪，情感丰富。

（2）具有理智、沉着、坦诚、热情、乐观向上、富有朝气的性格气质。

4. 身体素质

掌握科学锻炼身体的基本技能，养成科学锻炼身体的习惯，讲究卫生保健，达到国家大学生体育合格标准，身体健康。

第三节 相近专业的人才培养目标及人才素质要求

与市场营销专业相近的专业主要有工商管理、国际商务和广告学等专业。

一、工商管理

1. 专业简介

工商管理是研究工商企业经济管理基本理论和一般方法的学科，主要包括企业的经营战略制定和内部行为管理两个方面。工商管理专业的应用性很强，其目标是依据管理学、经济学的基本理论，通过运用现代管理的方法和手段来进行有效的企业管理和经营决策，保证企业的生存和发展。

工商管理作为管理学的重要分支，它依据管理学、经济学的基本理论，研究如何运用现代管理的方法和手段来进行有效的企业管理和经营决策。着重培养学生的管理能力，因此，学习者需要有一定的领导潜能。广义的工商管理包含的领域很多，下设的二级专业各具特色，主要包括工商管理、市场营销、会计学、财务管理、人力资源管理、旅游管理等。

目前，我国开设的工商管理专业的院校很多，但各院校的师资力量、教学设施、学科方向又各具特色。例如：中国人民大学商学院囊括了"工商管理类"从本科到博士所有学位和培养项目，是我国工商管理教育的重要基地,其企业管理专业是国家的重点学科。

2. 专业培养目标及人才素质要求

大学里设立工商管理专业,其培养目标是:培养德、智、体、美全面发展,具备创新精神和实践能力,具有较高的英语和计算机应用能力,掌握现代管理基本理论和基本技能,具备专业基本素质,适应新经济、知识经济、经济全球化和国际化要求,从事企业管理、策划、咨询、教学和培训,面向国际、国内人才市场需求的高级管理人才。

由于工商管理专业的学习过程中涉及大量的数学知识,因此选择该专业的学生一定要有比较扎实的数学基础。另一方面,工商管理专业学生应当对所有学科都有一定的兴趣,而且发展比较平衡,并善于关注社会和外界环境的变化。一般来说,有较好的人际沟通能力以及在团队中善于影响和引导他人的学生更适合选择工商管理专业。

3. 专业内容

工商管理的主体课程包括:管理学、微观经济学、宏观经济学、西方经济学、经济学方法论、管理信息系统、统计学、会计学、财务管理、市场营销、经济法、运营管理、人力资源管理、企业战略管理、产业经济学、西方企业管理、运作管理、质量管理、跨国公司管理、商务策划、组织行为学、研究与开发、项目管理、管理沟通、企业管理专题、企业管理软件、计算机程序设计、数据库原理与应用等。

此外,除了常规的课堂教学,该专业还有很多外出实习、实践的机会,如进行社会调查,到企业进行管理实习,或为地方中小企业提供管理咨询等。通过理论联系实际,让学生在掌握管理学、经济学基本原理的基础上,进一步锻炼实际工作的能力。

4. 毕业生去向

工商管理专业毕业生就业范围非常广,公司、企业、政府部门都有他们的用武之地。一般来讲,主要有以下几种就业渠道:

(1) 传统的市场经营管理职位:在这一岗位上必须从基层做起,在这个过程中锻炼自己的能力,积累一定的经验,目前,虽然说很多企业(一部分外资企业除外)开出的待遇水平让人难以接受,但从长远来看,对自身的发展还是非常有帮助的。

（2）人力资源管理职位：可以到企事业单位的人力资源部门就职，从事招聘、培训、薪酬制度等方面的具体工作。

（3）物流管理职位：可以融会贯通管理学的知识进入物流行业，目前一些对外贸易方面的物流岗位薪资待遇较好，其发展前景也比较乐观。

另外，还可以到管理咨询公司做策划顾问，或者从事市场营销工作，有的行业和公司还会提供业务提成等业绩奖励。需要提醒的是，市场营销对任何一个专业毕业的学生来说，都有切入点，具体到工商管理专业来说，从事市场管理和策划方面的工作可能更合适一些。

二、广告学

1. 专业简介

广告学是一门应用型社会科学，是典型的"市场的知识装置"，具有很强的市场指向和实践性。广告不仅是一种商业的营销媒介，更是一门艺术。学习广告学要求有一定的艺术功底，比如绘画、书法等；也要求学生兴趣广泛，有比较强的创造力、想象力。该专业要求学生有较宽广的知识面，富有创造力，并对营销、经营感兴趣，有较强的业务操作能力。该专业培养的人才注重创造力和战略眼光，面向创意文化产业输送知识体系全面、思考能力较强、操作能力突出的优秀人才。

目前国内开设广告学的学校很多，如中国传媒大学、厦门大学、暨南大学、清华大学美术学院、上海师范大学、广州美术学院、江南大学设计学院等都有很好的广告学专业。该专业多设置于新闻传播学院或设计学院，与艺术设计相结合，强调其广告的设计制作。学制四年，授予文学学士学位。

2. 专业培养目标及人才素质要求

该专业培养具备广告学理论与技能、宽广的文化与科学知识，致力于培养广告业专业创意、企划类复合人才、广告管理部门的专业化管理人才以及媒介广告部门的创作及业务类专业人才，能够适应媒体、广告公司、各类工商企业的多元需求，能在新闻媒介广告部门、广告公司、市场调查及信息咨询行业以及企事业单位从事广告经营管理、广告策划创意和设计制作、市场营销策划及市场调查、分析工作的广告学高级专门人才。

本专业学生主要学习广告学的基本理论和基本知识,获得广告创意与策划、市场营销能力的基本训练,掌握广告设计制作与经营管理的基本知识和基本技能。毕业生应获得以下几个方面的知识和能力:

(1) 掌握广告学的基本知识和基本理论。

(2) 掌握现代广告的策划、创意、制作、发布的基本知识,具有市场调查与营销的基本知识和进行市场分析的基本能力,能从事经济贸易广告的设计和制作。

(3) 熟悉有关广告的政策法规。

(4) 具有公共关系的基本知识和一定的公关能力。

(5) 了解有关社会科学、人文科学、管理科学、自然科学与技术科学的基本知识。

(6) 具有自学能力,及时了解国内广告和国外广告事业的发展动态。

3. 专业内容

该专业主要课程包括:广告学概论、广告策划、广告创意与表现、广告经营前沿、广告媒介策略、广告设计制作、媒介调查方法、广告经济学、市场营销学、公共关系学概论、新媒体经营与管理、社会学、统计学等,还包括诸如传播学概论、新闻学概论、新闻采访与写作、舆论学、文艺美学、基础摄影等新闻传播方面的课程,以及像影视脚本创作、电视节目制作、摄像技术与艺术、电视新闻与纪录片、科教片编导创作、电视节目编辑、媒体动画与制作、网络传播与文化、多媒体应用技术、网络媒体设计、网页设计与制作等具体的广告设计课程等。

4. 毕业生去向

毕业后就业面广泛,可在大中型企业的广告公关部门从事广告/品牌工作,或在电视台、报社、杂志社、广播电台、互联网及新媒体等媒介机构从事媒介经营工作,或在广告公司从事调查、策划、创意、媒体投放、公关促销等工作。

三、金融专业

1. 培养目标

本专业培养金融学复合应用型创新专业人才,即培养德、智、体全面发展,适应社会经济发展和满足社会主义市场经济建设需要,富有创新意识和开拓精神,具有良好职业道德,拥有金融、证券、期货等方面的知识(能力),能在银行、证券、期货、基金、投资公司、保险、供应链金融公司等相关金融领域从事业务和管理工作的金融学复合应用型创新专业人才。

2. 培养要求

该专业学生主要学习金融、证券、期货的基本理论和基本知识,受到金融、证券、期货的基本训练,掌握金融、证券、期货的基本能力。

毕业生应获得以下几个方面的知识和能力:

(1)掌握金融学专业的基本理论、基本知识,具有较扎实的经济金融理论基础;

(2)能够较好地运用统计学、计量经济学、市场调研等学科的分析方法对金融学实际问题进行分析研究;

(3)具有处理银行、证券、投资与保险等方面业务的基本能力;

(4)熟悉国家有关经济、金融、产业的方针、政策和法规,能够识别和规避金融市场风险,并能提出具有操作性的政策建议;

(5)了解金融学的理论前沿、应用前景、发展动态、行业需求,能够把握宏观经济走势和金融动向,具有金融全球化的视角,深刻理解金融经济一体化的原理;

(6)具有一定/初步的科学研究和实际工作能力,具有一定的批判性思维能力;

(7)能够运用统计学方法和计算机软件,进行金融分析和理财服务等科学研究和实际工作;

(8)掌握文献检索、资料查询的基本方法,具有一定的科学研究和实际工作能力;

(9)正确认识金融创新和金融深化,具有创新意识和创新思想,成为与时俱进的新型人才。

3. 核心课程

该专业主要课程包括：计量经济学、应用统计学、金融工程、投资学、商业银行经营管理、中央银行学、保险学、国际金融、金融风险管理、经济法等。

4. 主要实践性教学环节

军事训练、入学教育、安全教育与公益劳动、毕业教育、专业综合设计、社会调研、毕业实习、毕业论文。

第四节 医药院校市场营销专业人才培养目标及人才素质要求的实现途径

一、医药院校市场营销专业人才培养目标

1. 总体培养目标

"立足医药行业，突出实践能力"是医药院校市场营销专业的人才定位。医药院校市场营销专业的总体培养目标是坚持以马列主义、毛泽东思想、邓小平理论和江泽民同志"三个代表"重要思想为指导，体现教育要面向现代化、面向世界、面向未来的时代精神，全面贯彻党的教育方针，培养学生具有坚定正确的政治方向，热爱祖国，坚持四项基本原则，拥护和执行党的路线、方针、政策，坚持理论联系实际，积极参加社会实践，实事求是，遵纪守法，艰苦求实，热爱劳动，热爱医药事业。使学生具有为祖国富强、民族昌盛、为中医药事业振兴而献身的精神及良好的思想品德、职业道德，能适应社会主义经济建设和现代化建设的需要，适应行业发展的需求，基础扎实、知识面宽、能力强、素质高，具有创新精神和实践能力，成为社会主义事业的建设者和接班人。

2. 专业培养目标

旨在培养具有扎实的管理科学基础知识、信息技术基础知识和专业知

识,具有严谨的科学态度和现代社会的竞争意识、环保意识、价值效益意识、求实创新意识,掌握市场营销和工商管理基本理论、知识和技能,具备市场调研和开发的能力,能在(医药)企业、卫生服务机构从事营销调研、市场策划、广告策划、市场开发、品牌管理、产品管理、销售管理、市场维护等岗位工作的高素质应用型人才。

3. 专业特色

该专业的特色体现在与医药行业结合,并在专业素质拓展教育上加以体现。通过教学主渠道外有助于学生提高综合素质的各种活动和工作项目(第二课堂),以培养大学生的思想政治素质为核心,培养创新精神和实践能力为重点,普遍提高大学生的基本素养和综合素质,以主动适应经济社会发展对青年人力资源开发的迫切需要和广大青年学生成长成才、就业创业的迫切需要。

如南京中医药大学市场营销专业自2011级开始实施素质拓展"八个一"工程学分管理,这一实践模块是学校学分制教学计划的重要组成部分和学生综合评价体系的重要组成部分。其主要内容是:参加或创建一个学生团体;学会一项业余技能;精读一本中外经典名著或练好一口普通话;参加一组社会实践活动;参加一组志愿服务活动;向政府或学校提一条有充分调研依据的合理化建议;听一组学术讲座;参加一项素质拓展的其他活动。通过该项工程引导和帮助广大学生完善智能结构,全面成长、成才。

4. 业务培养要求

本专业合格的毕业生应按规定修满学分,通过学位论文答辩,英语通过大学英语四级考试(CET-4),计算机通过江苏省一级考试,还应具备以下的知识和能力:

(1) 知识结构规格:知识结构由文化基础知识、专业知识、社会知识三个方面构成。

① 文化基础知识:要具有正确的社会历史观和人生价值观。具有较好的人文艺术修养、审美情趣及文字、语言表达能力,积极参加社会实践。具有求真务实的科学素质,懂科学,爱科学,追求真理,对中国优秀的传统文化与思想有一定的了解。其学习领域包括文学艺术、历史文化、道德法律知识、拓展知识、体育知识、应用文写作基本知识、英语基础知识、计算机基础

知识。

② 专业知识:其学习领域包括管理学和经济学的基本理论、企业管理运作知识、市场营销基本理念与核心职能知识、典型营销岗位基础技能知识、行业拓展知识;为体现医药特色还要求学生了解医学、中医学、药学等现代医药学的基本知识。

③ 社会知识:其学习领域包括了解党和国家的路线、方针、政策,知法懂法,懂得个人与他人、个人与集体、个人与社会的关系。

(2) 能力结构规格:能力结构培养分为通用能力、专业能力和创新能力三个方面。

① 通用能力:通用能力主要包括计算机应用能力、人际沟通交往能力、应用文写作能力、创新创业能力等。其学习领域包括了解相关学科的基本知识,具有运用相关知识解决问题的能力,具有变化岗位的适应能力等。

② 专业能力:要求学生掌握市场营销的定性、定量分析方法;熟悉我国有关市场营销的方针、政策与法规并了解国际市场营销惯例和规则;掌握文献检索、资料查询、数据处理的基本方法;了解本学科的理论前沿及发展动态。专业能力主要包括商科基础能力,市场调查、预测、分析能力,销售推进、管理与决策能力;具有较强的语言与文字表达、人际沟通以及分析和解决营销实际问题的基本能力;广告、营销活动、项目策划能力,典型行业营销技能的运用能力、职业资格证书获取等。为培养学生的专业实践能力、创新实验教学模式,要求学生成为现代服务业环境下的仿真企业经营与管理的主体,在虚拟商务环境、政务环境和公共服务环境下开展企业运作管理,学会按照市场规律、企业经营规律来行事。突出行为导向,学生既是实习者又是经营者、组织者;老师起到策划内容、设立场景、过程监控、点拨答疑、配置资源、能力评估的作用。两条主线相互配合推进,实现以学生为中心的实验教学模式创新,巩固学生的专业基础知识,以实践的感性认识来深化对理论知识的理解和掌握,包括市场营销管理、库存管理以及生产管理等。同时使学生在仿真的环境下获得职业基本技能训练,包括市场调查与预测、营销策划、人力资源招聘与配置、行政统筹、生产计划拟定与生产组织以及沟通协调等多专业技能的训练。学生通过对企业的运作管理,能够具备企业经营分析与企业战略定位、解决和处理实际业务的能力,为学生日后迈向社会打

下良好的基础。

③ 创新能力：有创新意识，对市场营销最新发展动态及本学科领域的国内外研究现状有一定了解。掌握进行创造活动的思维方法，能开展科学研究工作，具备一定的创新性思维和探索能力。

二、医药院校市场营销专业人才素质要求的实现途径

1. 市场营销专业教学计划对人才培养的保证

教学计划是保证市场营销专业人才培养目标实现的前提，在专业教学计划的制订中，保证市场营销专业"专业＋外语＋能力＋实践"的办学特色，制定的市场营销专业教学计划的总体框架如下：

（1）公共课设置对人才综合素质的保证：现代社会要求大学毕业生具备扎实的基础理论、较宽的知识面和较强的适应能力，教学计划中的公共课就是为了保证这一目标实现而设置的。其中数学课程是为了培养大学生的逻辑分析能力，本科保证后续专业课学习所必备的知识为前提，同时考虑毕业后实际工作岗位的需要安排教学内容。中文课程主要是培养学生的语言沟通能力和文字表达能力，这一能力对市场营销专业学生而言更为突出，因为调查报告、产品市场策划书、谈判方案的拟定等都需要具有较好的文字表达能力，进行市场开拓、公共关系、商务谈判同样需要较强的语言表达能力。计算机课程的设计为学生今后从事电子商务和网络营销工作打下基础，计算机要求本科通过国家二级考试。外语课程是市场营销的专业特色，要求能够进行一般的业务对话和具有商务文件阅读的能力，本科学生要求通过全国四级外语考试。医药类课程的设计为学生了解医药相关专业基础知识和医药行业基本状况奠定基础，为将来在医药行业从事相应的工作做好铺垫。

（2）专业基础课设置对人才知识结构的保证：专业基础课中的会计学、统计学、西方经济学、管理学等课程，是为专业课的学习奠定基础的，同时也是市场营销专业人才必备的专业基础知识。

（3）专业课设置对人才综合能力的保证：市场营销专业核心课程是市场营销专业人才今后从事营销管理与策划工作必须具备的专业知识，构成市场营销人才的知识体系，是知识结构中的专业结构。专业知识同实践有机

结合,将形成学生的综合能力,它是学生将所学知识和技能转化为实际运用能力的前提,因此,在教学计划的安排上应给以充分的重视。

具体教学计划设计见本书第四章和第五章。

2. 实践性教学环节对人才实践能力的保证

以理论与实践并重的课程模式取代知识型课程体系,实现课程改革,立足于市场营销专业人才培养的规律和特点,结合当前市场营销专业教育的实际情况,市场营销专业教育应积极实施以实践教学为核心的新的人才培养模式。

借鉴国内外成功的人才培养模式,以下两种模式是当前市场营销教育较为理想的选择:第一种是"实践＋理论"模式,即在规定的学制内,可以一边学习实践,一边学习理论,即明确在学时上是课程理论学习后进行实践操作,突出实践教学的主体地位,目前已在部分市场营销院校得到实施。第二种是"实践＋教学＋实践"模式,即在规定的学制内,将人才培养大致划分为三个阶段:第一阶段是实践教学,主要任务是安排学生进行实践技能训练和操作,完成一定的实践教学内容,使学生"知其然";第二阶段是理论教学,主要任务是结合第一段的实践进行理论教学,使学生"知其所以然";第三阶段仍然是实践教学,主要任务是强化实践,全面提高学生的顶岗业务能力和实际操作水平,完成人才的培养。这种"夹心面包"式的人才培养模式,任务明确,实施方便,应该成为市场营销专业教育人才培养模式改革的方向。

南京中医药大学在实践性教学改革方面提出了市场营销专业人才校企合作培养模式,并建立了创新基地——先声商学院。学校通过与先声药业合作办学,筹建"先声商学院",以此为平台进行教育资源优化配置,改革专业人才的培养模式,根据市场需求采用订单式人才培养模式,并建立起人才输送的新渠道。其中"先声班"是联合办学的产物。"先声班"学生除了学习本专业课程外,还要学习适应社会及企业发展实践需要的课程,由先声药业的资深成功人士主讲。先声模式所培养的学生将有一定比例人员进入先声药业工作,其余同学自主择业,先声药业可优先录用。该模式实现了由封闭的教学模式向迎合企业需求开放办学模式的转变;以传统的学校教学大纲培养学生向按企业用人标准培养学生的转变;从片面强调学历教育向重视技能教育的转变。该模式完成了三个"对接":建立了具有实用性、前瞻性的课程体系，使理论教学与实践教学对接；使"专业知识覆盖"和实训教学相对接；利用企业硬环境，实现素质培养与企业人才标准相对接。在此基础上，市场营销专业率先在全校开展"3+1"模式的特色培养教学创新。

　　由学院统一安排，通过参观交流等多种活动方式，在带队老师指导下在实习单位展开有针对性的实践调研，形成综合的教学实习报告。第一学期由老师带队指导完成。通过毕业实习加深对本专业知识的理解，加强理论联系实际，提高实际操作能力，培养良好的职业技能和职业素质。自主或由学院安排在医药卫生相关领域实习，让学生将课堂所学的市场营销理论知识与实际有效地结合起来，并通过具体案例和亲身经历对实习进行总结。在第七、第八学期完成，实习地点为我院实习基地或学生自主联系单位。每名学生均配有对接和实习指导老师，实习结束后学生提交符合规范的实习报告。

>>>>>> 第三章
市场营销专业的学科基础

第一节 市场营销学科的发展历史

Robert Bartels 是营销思想史研究的集大成者,在其学术研究生涯中倾注了对营销思想史研究的浓厚兴趣,对营销学科的发展进行了持续、系统的研究,其研究成果迄今仍对营销思想史的研究发挥着指导作用。其主要研究内容包括市场营销的起源、早期营销理论、营销学科的发展以及一系列营销专题的研究历程,如广告、销售管理、零售、营销调研以及后期的营销渠道、国际营销等。1976 年,Bartels 将营销学科的发展历程划分为八个阶段。

1. 1900—1910 年 营销探索阶段(Period of Discovery)

Edward Atkinson 于 1885 年发表的《产品流通》可能是最早的营销学著作,此书提出了营销的各种功能,但营销问题还未成为一个被广泛接受的研究领域,营销这一术语还没有正式出现,也没有专门的营销学课程,因此,这一时期仍然属于前营销时期(Pre-Marketing)。Bartels 通过对历史文献的考察,认为营销思想起源于早期美国大学所进行的关于市场营销课程教育。1905 年,克罗西在宾夕法尼亚大学讲授产品市场营销课程,市场营销首次进入大学课堂,随后,密歇根大学、加州大学、伊利诺斯大学陆续开设工业分销课程,标志着市场营销作为一门学科正式诞生。在1910年,"营销"这一术语正式应用并从此确立了市场营销这一学科。

2. 1910—1920年 营销的概念化阶段(Period of Conceptualization)

Bartels将营销学科发展史中的这一时间段称为营销思想的"新纪元",很多营销概念在这一时期被学者们首次提出并在后期得到进一步发展。这一时期的主要特征是营销的概念被进一步分类,营销术语得到定义。学者们已经开始运用商品研究法、机构研究法和职能研究法开展市场营销问题的研究。

3. 1920—1930年 营销的整合时期(Period of Integration)

Bartels将该阶段称为营销思想发展的"黄金十年",在该阶段中,营销原理和一些市场营销分学科领域,诸如广告、销售管理、人员销售等得到了有效的整合。1921年,保罗·艾维出版了《市场营销原理》(Principles of Marketing)一书,从职能的角度对销售问题进行了论述,并指出,中间商的职能有装货、分类、储存、运输、承担风险、融资和销售等,所有这些职能在一定程度上是产品市场营销的一般职能。艾维特别提出,中间商可以消失,但中间商的作用与职能不会消失。此外,艾维还分析了不同类型机构的本质特征以及通过改变职能来改变机构特征的趋势。

4. 1930—1940年 营销的发展期(Period of Development)

就学术背景而言,早期的市场营销理论是以经济学作为母本,早期的营销学者基本都是经济学家,早期的营销理论与营销研究方法都是源于经济学。在20世纪30年代前,市场营销学尚没有作为一门独立的学科从经济学中独立出来。从20世纪40年代起,营销理论进入形成和巩固时期,系统化的市场营销理论体系开始形成并不断拓展和延伸,假设检验、定量分析以及一些新的分析方法被引入对营销的理解之中。Bartels认为,1930—1940年的这十年,最引人瞩目的是"阐述营销原理的教材与时俱进",一系列营销学教材陆续面世,专业的市场营销学术刊物面世,市场营销的基本原理得到了广泛传播。

5. 1940—1950年 营销的重新评价时期(Period of Reappraisal)

在该发展阶段,出于营销知识的发展需求,经典营销概念和营销解释被重新评价。Bartels 认为该时期主要的理论贡献是将"营销管理"和"营销系统"这两个新概念纳入营销理论分析体系中。营销的管理体系和营销的系统分析框架开始初步形成。

6. 1950—1960 年　营销重新概念化时期(Period of Reconception)

营销经典方法被日益强调管理决策实施的新方法所取代，很多新的概念从管理学科或其他社会科学领域被融合到营销领域。1957 年、1958 年，安德森所著的《营销行为和执行活动》以及《市场营销学分析体系》进一步将早期的营销管理和营销系统的思想予以丰富和发展。安德森将管理和系统有机结合在一起作为统一方法，把营销作为投入产出过程中的组织行为体系。传统营销理论的职能、机构、商品学派进入生命周期的萎缩阶段，而营销管理理论日益发展起来并在 20 世纪 70 年代占据了营销思想的主导地位。

7. 1960—1970 年　营销分化阶段(Period of Differentiation)

Bartels 指出，在这一时期，只有很少的营销学原理教材还保留着。营销思想的传统方法已经完全被日益增长的专门领域营销思想、方法所取代，比如营销管理、营销系统、营销计量分析、国际营销以及消费者行为研究等。特别是对营销学体系的研究形成热潮，学者们大量运用和借鉴了物理学、生物学和社会科学的研究成果进行营销理论的发展。在 20 世纪 60 年代，营销模型和营销的量化方法开始比较普遍，各种营销学刊物大量出版。《基础市场营销：管理方法》是当时完整论述市场营销的最主要的代表作。该书将管理市场营销的一般概念与社会历史导向的市场营销相结合，并从社会组织的角度加以评价。尤其具有经典意义的是，麦卡锡将市场营销组合的各种因素总结为"4Ps"，并在此基础上，建立了管理导向的市场营销理论体系。

8. 1970 年—　营销社会化阶段(Period of Socialization)

科特勒、列维等一些学者对以往营销思想进行了批判，认为应该重新定义营销和重新界定营销理论的研究范围。70 年代左右，菲利普·科特勒倡导将营销理论的应用范围扩大化，不仅仅企业需要营销，非营利组织也需要营销，这次的扩大化带来了营销思想界的交锋和争论。

20 世纪 90 年代之后，随着人类社会逐渐步入服务经济时代，服务营销开始取代传统的产品营销而逐步获得营销学科的主流地位。

第二节 市场营销学科中的经典理论范式

美国著名哲学家和科学史学家托马斯·S.库恩曾经指出：一门学科若缺乏统一的研究范式则表明这一学科仍处于"前科学"时期，一门学科自出现统一的范式之后就进入了"常规科学"时期。库恩认为科学的发展模式应该是：前科学时期、常规科学时期、科学革命时期(反常与危机)、新的常规科学时期。所谓营销学的理论范式就是能够被人们广泛接受的具有典型意义的理论架构或模式。据此，营销的理论范式发展可分为三个阶段：营销古典范式(前范式阶段)、营销管理范式(范式阶段)和营销全方位范式(新范式阶段)，本节重点介绍营销管理范式和营销全方位范式。

迈克尔·J.贝克提出营销理论范式应在两个层面形成理论架构：一是经营哲学层面，表现为营销学的思维态势与总体观念；二是方法层面，即在营销哲学观念指导下的营销活动设计与安排。基于贝克观点，本节将从营销哲学观点和营销活动设计与安排两个层面对上述两大营销理论范式进行介绍。

一、营销管理范式

1. 营销哲学观念——市场营销观念

营销观念出现在20世纪50年代中期，它对以前的观念(生产观念、产品观念、推销观念)提出了挑战。与其之前的以"企业为中心"以及"先制造再销售"的哲学不同，市场营销观念转到了以"顾客为中心"以及"先感知再反应"的哲学。市场营销观念用"耕种"代替了过去营销哲学的"猎取"思想。在营销观念的指导下，企业管理者的工作不再是为产品寻找合适的顾客并说服顾客购买，而是为顾客设计适合的产品。市场营销观念认为，实现组织目标的关键在于正确地确定目标市场的需要和欲望，并且比竞争对手更有效、更卓越地传递目标市场所期望满足的商品和服务。该观念提出：满足有利润的需要；发现欲望并满足它们；热爱顾客而非产品。西奥多·莱维特认为：推销观念注重卖方需要，而市场营销观念注重买方需要。推销以卖方需要为出发点，考虑如何把产品变成现金；而市场营销观念则考虑如何通过产品的创造、传递以及与最终消费产品有关的所有事情，来满足顾客的需要。

2. STP 与 4Ps 营销组合

营销管理范式(图 3-1)产生于 20 世纪 50 年代中期。1953 年，尼尔·博登在美国市场营销协会就职演说中创造性提出了"市场营销组合"这一概念；杰罗姆·麦卡锡 1960 年在其著作《基础营销》中正式提出 4Ps 的营销组合理论(图 3-2)，即：产品(Product)、价格(Price)、分销(Place)、促销(Promotion)；1967 年，菲利普·科特勒推出了《营销管理：分析、计划和控制》，在该著作中，科特勒正式提出了以顾客为中心的市场营销哲学观念，并在方法层面上提出了以 STP 和 4Ps 为核心的营销战略与策略架构，从而正式确定了营销管理理论范式。

在营销管理范式下，市场营销被定义为：市场营销(Marketing)是个人和组织通过创造、提供出售，并同他人交换产品和价值以满足其需要和欲望的一种社会活动和管理过程。

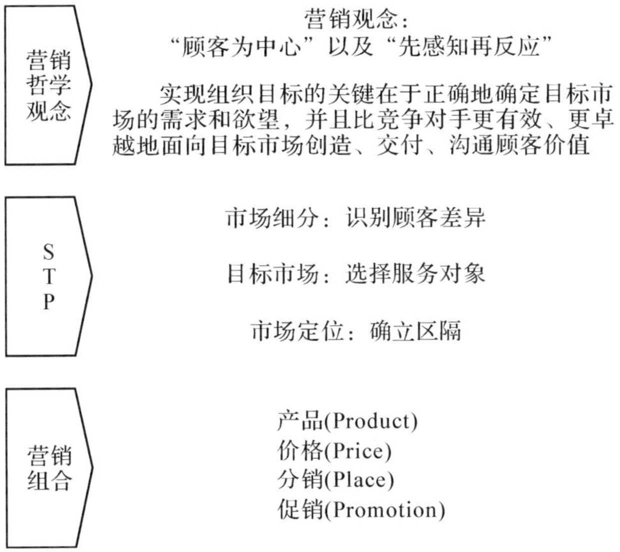

营销哲学观念	营销观念："顾客为中心"以及"先感知再反应" 实现组织目标的关键在于正确地确定目标市场的需求和欲望，并且比竞争对手更有效、更卓越地面向目标市场创造、交付、沟通顾客价值
STP	市场细分：识别顾客差异 目标市场：选择服务对象 市场定位：确立区隔
营销组合	产品(Product) 价格(Price) 分销(Place) 促销(Promotion)

图 3-1 营销管理范式架构图

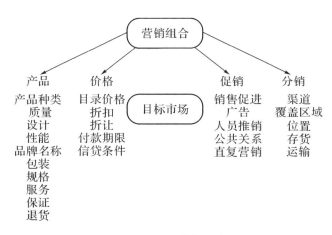

图 3-2　4Ps 营销组合

资料来源：菲利普·科特勒《营销管理》第 11 版

3. 营销管理范式的发展[①]

20 世纪 70 年代服务营销的研究开始兴起，布姆斯和比特纳 1981 年提出了服务营销的 7Ps 组合理论，即在原来 4Ps 的基础上增加：有形实据（Physical Evidence）、流程（Process）、人（People）。1986 年，科特勒又提出了大市场营销的 6Ps 组合理论，即在原来 4Ps 的基础上增加：政治权力（Political Power）、公共关系（Public Relation）。随着对营销战略计划的重视，1986 年，科特勒在中国对外经济贸易大学的演讲中，又提出在大市场营销的 6Ps 之外，还需加上战略 4Ps，即探查（Probing）、划分（Partitioning）、优先（Prioritizing）、定位（Positioning）；这样，大市场营销的 6Ps 组合理论再加入战略营销的 4Ps，形成一个比较完整的 10Ps 营销组合理论。随着对顾客导向与整合营销的强调，罗伯特·劳特朋 1990 年提出了一个新的 4Cs 营销组合理论，即顾客（Customer）、成本（Cost）、便利（Convenience）、沟通（Communication）。而随着 20 世纪八九十年代关系营销研究的迅速发展，艾佛特·古麦森提出了以关系、网络、交互为特点的 30Rs 的关系组合。

---

① 关系营销等区别于 4Ps 的营销理论是一种新的营销范式，还是仅仅为对营销管理范式的发展目前尚存在一定的争论，在形成共识性结论之前，本节将这些营销理论作为对营销管理范式的发展。

唐·舒尔茨 1999 年提出了 4Rs 组合理论,即关联(Relevance)、反应(Response)、关系(Relationship)、回报(Reward)。2001 年美国学者艾洛特·艾登伯格在《4Rs 营销》著作中提出了关系(Relationship)、节省(Retrenchment)、关联(Relevancy)和报酬(Reward)。4Ps、4Cs、4Rs 之间不是取代关系而是发展和完善的关系。4Ps 强调从企业的角度出发,如何通过对内部可控的营销因素的有效组合,适应外部经营环境,来满足顾客的需求,从而实现企业的盈利目标;4Cs 则是从顾客角度来分析研究顾客的核心需求与价值追求,将顾客的价值满足作为企业营销活动的始点和归宿;4Rs 则是在经济信息化、全球化以及经济社会可持续发展这一时代背景下提出的营销思想,提出企业是整个社会大系统中不可分割的一部分,企业与顾客及其他的利益相关者之间是一种互相依存、互相支持、互惠互利的互动关系,主张企业与利益相关者应建立、巩固和发展长期的合作协调关系,强调关系营销管理。

二、全方位营销范式

(一)全方位营销观念

菲利普·科特勒 2002 年在《营销动向:利润、增长和更新的新方法》中提出,企业若想在新经济中成功运营,必须在业务和营销思维上做出重大转变(九大转变),顾客价值、核心能力和合作网络成为当今市场上价值流的三大推动要素,带来了一种全新的营销范式(表 3-2)。该范式的演变在营销观念上超越了过去。

表 3-2 在新经济背景中掌握价值流的推动要素

价值的推动要素	企业的要务
顾客价值	经营一家"以顾客为中心"的公司
	把重心放在顾客价值和顾客满意度之上
	发展出能回应顾客偏好的通道
	以营销记分卡来发展和管理企业
	以顾客的终身价值来获得利润

续表 3-2

价值的推动要素	企业的要务
核心能力	将他人能做得更好、更快的活动外包出去
	以全球最佳实务作为标杆学习的对象
	不断创造新的竞争优势
	以管理各种流程的跨部门团队来经营企业
	同时跨足"市集"和"市场空间"
合作网络	把重心放在力求各种利益相关者利益的平衡之上
	慷慨酬谢企业的合作伙伴
	只与较少数的供应商往来,并把他们转变为合作伙伴

资料来源:菲利普·科特勒《科特勒营销新论》(2002)

菲利普·科特勒指出,当今的营销者已经意识到必须超越传统的营销观点,采用一种更富有整体性、更富有关联性的方法开展企业的营销活动。全方位营销观念是以开发、设计和实施营销计划、过程以及活动为基础的,但同时也深刻认识到上述营销计划、营销过程和营销活动的广度和彼此之间的相互依赖性。全方位营销认为,在营销的实践中每个细节都特别重要,采纳广泛的、整合的视角不可或缺。

表 3-3 新营销观点的发展

名称	起点	重心	手段	结果
推销观念	工厂	产品	促销和推广	通过销售量而获得利润
营销观念	客户不同需求	适当的产品服务和营销组合	市场细分、目标市场和市场定位	通过顾客满意而获得利润
全方位营销观念	个别客户的需求	客户价值、企业的核心能力和合作网络	资料库管理、可联结合作厂商的价值链整合	通过掌握顾客占有率、顾客忠实度和顾客终身价值来获得利润

资料来源:菲利普·科特勒《科特勒营销新论》(2002)

菲利普·科特勒将全方位营销观点与过去的推销观念和市场营销观念

进行了对比(表3-3),指出:过去,在推销观念主导的情形下,企业的任务在于推销和推广由工厂制造的产品,并尽可能地扩大销售量,以获得最大的利润。企业的工作便在于"猎捕"所发现的任何潜在顾客,并运用广告等大众媒体的说服力量以及个人推销等个别说服力量,达到销售的目的。对于从了解市场区隔、发展不同的产品和服务出发,以满足市场不同需求的做法,管理层并没有多加考虑。当时成功的唯一途径,便是由大量生产、大量流通和大众营销所带来的产品标准化。

然而,营销观念把企业的注意力从工厂转移到顾客以及顾客不同的需求上。目前,企业的目标在于发展出一个适当的以区隔为基础的产品服务和营销组合。企业力求在市场细分化、选择目标市场和市场定位等方面具有更强的能力。在各个选定的细分市场中形成高度的顾客满意度,将会造就出忠实顾客,而这些忠实顾客的重复购买,将带来不断上升的获利结果。

由数字革命所带来的全方位营销观念,代表了营销观念的进一步扩大。这是一个因为企业、顾客和合作厂商之间,通过信息化方式进行联结和互动而产生的动态观念。这个观念将会整合价值探寻、价值创造和价值传递等活动,目的是要在利益相关者之间打造出彼此都感到满意的长期关系,并达到共存共荣的境界。

在全方位营销的观念之下,营销的起点是个别顾客需求,营销的任务是在于发展出与环境背景相融合的产品、服务或能够带来特殊体验的事物,以满足个别顾客的需求。在一个极度动态和竞争的环境中,为了探寻、创造和传递个别的顾客价值,全方位营销必须在企业的关系资本上做投资,涵盖的层面包括所有利益相关者——消费者、合作厂商、员工和相关团体。因此,企业可以说超越了顾客关系管理的业务观念,迈向了全面关系管理的观念。在价值链彼此相互联结的合作厂商的协作下,营销人员会不断地打造和管理顾客资料库,再加上价值的传递而持续地另辟市场。全方位营销的成功之道在于:管理一个优质的价值链,这个价值链能够创造出高水准的产品、服务和速度。全方位营销会借助扩张顾客占有率、打造顾客忠实度以及获得顾客的终身价值,实现企业长期可持续发展。

(二)全方位营销理论架构

全方位营销的理论架构基于并紧密围绕价值链(图3-3)。全方位营销是对价值探寻、价值创造和价值传递过程进行整合,目的是与利益相关者建立起令人满意、长期互动的关系。通过扩大顾客份额、建立顾客忠实度、获取顾客终身价值,全方位营销可以促进企业利润不断增长。

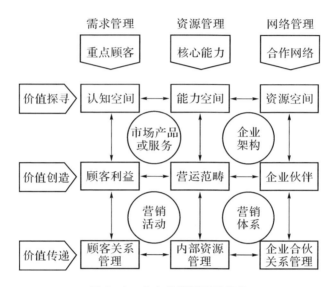

图3-3 全方位营销理论架构

资料来源:菲利普·科特勒《科特勒营销新论》(2002)

与管理营销范式下STP→4Ps营销组合的主线架构不同,全方位营销范式下的顾客、企业和合作厂商与"以价值为基础"的活动(价值探寻、价值创造和价值传递)之间形成联结和互动。对于价值探寻、价值创造和价值传递,菲利普·科特勒在《营销管理》一书中给出了详细的阐述。

1. 价值探寻

发现新的价值机会需要对以下三个方面的关系和作用有所了解:① 顾客的认知空间;② 企业的能力空间;③ 合作者的资源空间。顾客的认知空间反映了现有的需求和潜在的需求,包括参与、稳定、自由和变化的需求等。企业的能力空间用宽度和深度来加以描述:所谓宽度是指广泛的业务范围还是聚焦的业务范围;所谓的深度,是指基于实体的能力还是基于知识的能力;合作者的资源空间往往涉及横向的合作者(企业选择合作者的基础是有充分利用相关市场机会的能力)和纵向合作者(企业选择合作者的基础是以有助于企业的价值创造为标准的)。

2. 价值创造

营销者必备的价值创造技能主要包括:从顾客角度界定新的顾客利益、利用自身在业务领域的核心能力、在协作网络中选择和管理业务伙伴等。为了创造新的顾客利益,营销者需要了解顾客所想、顾客所需和顾客所忧,需要清楚顾客羡慕谁和受谁的影响。

3. 价值传递

传递价值通常需要对基础设施和能力进行投资,以便使企业在顾客关系管理、内部资源管理和合作伙伴管理方面具有很高的能力。顾客关系管理要求企业识别出谁是自己的顾客、顾客的行为以及顾客的需求。同时,这也使企业能够恰当地、合理地、快速地对不同顾客机会做出反应。为了有效地做出响应,企业必须具有卓越的内部资源管理能力,以便整合某个系统中各个模块所包括的主要业务流程。最后,合作伙伴管理有助于企业处理同合作伙伴在资源供应、处理和产品交付中的复杂关系。全方位营销观念的主要维度见图3-4所示。

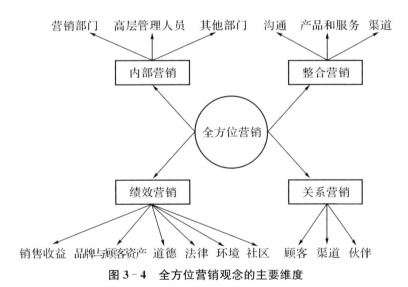

图3-4 全方位营销观念的主要维度

资料来源:菲利普·科特勒《营销管理》第15版

第三节 市场营销学的研究方法

一、商品研究法

商品研究法主要研究商品或产品的分类问题,考察不同类别商品如何分销到最终消费者的相关问题,从中探索和寻找卓有成效的规律,以供企业生产经营使用。起初产品主要是分为农产品、矿产品、制造品,后期随着城市消费市场的迅速发展,产品分类学说聚焦于消费品的产品分类,例如将消费品划分为便利品、选购品和特殊品。便利品是日常生活必需品,价格便宜,追求购买便利,针对这类商品应该尽量将分销网络扩大,深入消费者随时都可以接触到的角落。选购品是那些消费者比较在意,会反复比较质量、价格、款式的产品,针对这类消费品,企业应选择适度的分销网络,并且需要有销售人员说服和影响消费者的选择。特殊品是那些对消费者有特别吸引力,且消费者不在意价格,愿意付出努力和代价去获得的消费品,制造商、零售商的声誉通常很重要,品牌塑造相比而言十分重要。

二、机构研究法

机构研究法主要研究市场营销系统中的各种机构的特性、变革和功能,包括生产者、批发商、零售商以及各种辅助机构。机构研究法最初也是从农产品研究开始的,在 20 世纪初,一些早期的营销学者开始着手研究农产品流通过程中主要的营销组织起到怎样的作用,它们的效率如何,其实质是对渠道分销问题的关注。机构研究法关注营销组织的投入成本,如采用经济学分析的人力、土地、资本三要素分析产品转移中的价值创造与流动问题,同时也寻求获得效率的提升方法,如渠道结构、渠道整合和一体化等问题。

三、功能研究法

在营销学的初始发展阶段,经济学家们便开始关注于"营销到底具有怎样的价值"这一学科存在的基础性问题。时间、地点与所有权是初始阶段,学者们通过分销研究对营销价值的基本认识。在此基础上,后期学者们采用功能研究法进一步研究了营销活动中的具体功能表现。功能研究法主要研究产品从离开工厂开始到最终消费者手中需要完成的各种营销活动起到的包括承担风险、运送物品、融资、销售、对产品进行集中、配货、转运等功能。相比机构研究法,功能研究法更充分体现了营销的价值创造,而不仅仅是社会资源损耗;相比商品研究法,功能研究法更全面考察了企业经营活动所需发挥的职能。由于这种分析更有利于后来营销理论的创新发展,因此功能研究法对后期的营销学科发展产生了长久的影响。

四、管理研究法

管理研究法就是模仿管理学的结构,重新构建一个能够操作和执行的营销体系。20世纪50年代被学者们誉为营销学发展的黄金时代,二战结束后原来一直受压制的消费需求得到大量释放,而且战后婴儿潮的出现进一步推高了市场的需求量。此外,管理被日趋重视,全要素的潜力开发进入企业经营的核心思考,企业内部对生产效率的追求方式,也延伸到营销方法,即企业内外部的营销效率。管理五要素(计划、组织、协调、指挥、控制)在营销管理体系中演变成分析、计划、执行、控制的营销管理体系。

五、行为研究法

行为研究法从心理学、社会学的角度去分析营销组织与消费者,具体包括组织动力研究法、消费者主义研究法以及购买者行为研究法。组织动力研究法关注于营销机构尤其是渠道之间的权力、冲突与合作。消费者主义研究法则重视消费者权益保护问题。一些学者认为,强调逻辑实证主义的营销管理对消费者行为研究表现出较为浓厚的兴趣,这与数据可获得具有一定的关系。

六、系统研究法

系统研究法的出现与系统理论的兴起和流行是分不开的,系统论引发营销学者思考,企业与社会也是一个系统,从生产、营销到消费之间的关系应该努力联系成为一个紧密的系统。系统研究法认为,一个营销系统是由一系列厂商、消费者(家庭)以及其他社会利益相关者构成,交互者通过相互交互活动在营销系统的一个层面上创造出市场。微观市场的目标是匹配细分交易,而宏观营销系统则是匹配集成供应与集成需求。McAlister认为,市场营销学应该包含和鼓励管理、社会和公共政策领域的丰富理论与实践研究。并进一步指出,如果市场营销学过于聚焦消费者行为等微观问题研究,那么市场营销学科则会变得狭窄,市场营销学科的影响力和应用性就会下降。

第四章
市场营销专业课程体系设置

第一节　课程设计思路

课程以知识为载体，是知识以一定的形式呈现出来的、为学生的发展设定的一个前进的轨道。专业人才培养通过课程和相关教学活动的形式得以实现。不同的教育理念有不同的课程体系，不同的时代发展需要不同的课程体系。市场营销专业经过多年的发展，已经有了相对成熟的课程体系。随着时代的发展，又表现出新的需求特征。行业特色为医药市场营销专业课程注入更为丰富的内涵。当代医药院校市场营销课程体系的设计应当满足以下需求。

一、以专业人才培养目标为导向

人才培养目标是课程设计的方向，专业人才课程体系设计以专业培养目标为导向。医药市场营销专业培养目标是，培养具有管理、经济、法律、市场营销以及医药学基础知识，能在医药企、事业单位及政府部门从事市场营销与管理及教学、科研方面工作的工商管理学科专门人才。

二、学科理论知识与专业实践技能并重

传统学术型大学本科专业课程以学科发展为中心。这一观念下的课程设计重视学科知识体系和理论思维训练,服务于学科建设和知识积累,重基础重理论,这是本科院校办学的重要特征。市场营销专业本科毕业生需要扎实的理论基础知识和思维训练,为将来可持续发展打下坚实基础。

另一方面,为了适应在现代社会环境下劳动力市场的需求,本科人才需要具备良好的实践技能和动手能力。在提供足够的理论课程的基础上,侧重于技术知识体系,技术能力课程也必不可缺。

因此,现在的营销课程体系是学科理论知识与专业实践技能并重的体系。

三、数字化和网络化是趋势

数字信息和网络技术的迅速发展对市场营销活动产生巨大影响。市场调研、市场细分与定位、产品与服务的设计与传递,传播与促销、营销活动过程控制等等活动都有了新的要求。网络平台使得消费者更多地参与到营销活动中,其对于营销活动的影响程度远超以往。电子交易、建立和使用数据库进行客户管理、客户价值管理,营销推广活动,品牌建立方式,营销的电子化、无纸化等方面提出新的要求。网络发展的变化迅速,营销人才的培养也需要紧跟营销实践需求发展与时俱进。

四、医药行业是特色

市场营销专业国内各级各类院校都有开设,中医药院校的市场营销专业应当充分体现其行业特色,切实推动中医药服务的发展,为市场营销专业发展注入新的内涵。

传统中医药思想因为表达语言的传统性而不被当代理解,又因其与现代医学存在部分冲突,发展一直受到抑制。民众对中医药缺乏了解,甚至存在误解,中医药知识迫切需要有更为有效的传承,中医药事业的发展需要多学科的支撑。很多高等中医药院校创立了经济管理、信息技术或者外语等

专业,这些复合型专业的发展既丰富了本专业的内涵,也为中医药事业提供了新鲜血液和专业支持。医药市场营销专业是其中非常重要的一个组成部分。

第二节　课程设计原则

一、目标性原则

目标性原则是指本科专业课程结构设计要有利于课程目标的达成,充分体现课程的价值,从而满足国家对该专业教育发展的要求,符合市场营销专业学生从事营销工作的需要和自身专业发展的需要。该专业学生应当具备市场营销及工商管理方面的基本理论和基本知识,接受营销方法与技巧方面的基本训练,具有分析和解决营销问题的基本能力。市场营销专业课程目标是专业培养目标的体现和具体化,是构建课程结构的前提和依据。主要包括:

(1) 掌握管理学、经济学和现代市场营销学的基本理论、基本知识。

(2) 掌握市场营销的定性、定量分析方法。

(3) 具有较强的语言与文字表达、人际沟通以及分析和解决营销实际问题的基本能力。

(4) 熟悉我国有关市场营销的方针、政策与法规及了解国际市场营销惯例和规则。

(5) 了解本学科的理论前沿及发展动态。

(6) 掌握文献检索、资料查询的基本方法,具有一定的科学研究和实际工作能力。

二、基础性原则

随着高等教育由"精英教育"逐步走向"大众教育",本科专业课程设置应淡化"学科中心""学科本位"的观点,降低专业课程难度,让学生学习和掌握最基本的自然科学理论知识和基本技能,注意让学生把握自然科学各分支学科之间的整体联系,体会自然科学产生和发展的过程,理解掌握自然科学的基本思想和方法,按照"少而精、博而通,强化基础,打通主干,深入前沿"的思想,确定本专业的专业核心课程。

三、整合优化原则

整合优化原则,要求我们在设计市场营销专业课程结构时,必须加强经济学、管理学以及和中医、中药、养生康复等相关学科知识的整合。突破学科间的界限,向跨学科和综合化的方向着手。比如医药知识方面,将现代医学整合为西医基础和西医临床,中医学基础知识整合为中医基础和中医临床,一方面要避免内容重复,另一方面也要避免内容的简单叠加。而反映行业特色的营销课程内涵也是整合优化原则的重要体现。

四、选择性原则

考虑到未来学生就业与发展的多元化,根据学科发展、教学需要、学生实际及学校办学条件等方面因素,开设若干专业选修方向以及足够多的系列选修课程供学生选择。这既可以为学生提供一个自由发展的空间,扩大知识面,满足学生的兴趣爱好,培养创新性复合型人才,增强学生的社会适应性,又有利于充实本专业的建设内涵,充分发挥办学特色,促进营销和中医药共同发展。市场营销专业可供选择的课程方向既包括商业管理类课程,也包括行业特色鲜明的药品营销类课程及中医医疗保健服务类课程等。

五、学生主体原则

人才培养过程中需要遵循"以学生为主体"的教育理念,为学生提供充分的自学的机会,动手的机会,表达的机会,创新的机会。这种参与是在教学过程中实现的,因此在课程体系设计、内容选择上要充分提供实践机会,促进学生发挥其主体作用的教学活动,体现参与的要求,创造参与的条件,给学生创造一种环境,进而促进学生在参与过程中学会营销理论与知识技能,学会自我学习与培养。

第三节　课程主要模块

基于学校的中医药特色,市场营销学专业课程体系的设置以市场营销类课程为主,中医药类课程为辅,并且理论与实践并重。市场营销学专业课程体系涵盖中医学、药学、经济学和管理学四个学科门类。主要课程模块有三类:① 工商管理类课程模块;② 市场营销类课程模块;③ 医药类课程模块(表4-1)。

表4-1　主要课程模块

模块	课程名称	学分(分)	学时(课时)
工商管理类课程模块	管理学	3	54
	组织行为学	3	54
	运营管理	2	36
	管理信息系统	2.5	54
	财务管理	3	54
	会计学	3	54
	电子商务	2.5	54
	物流管理	2	36
	人力资源管理	2	36
市场营销类课程模块	医药市场营销	3	54
	医药市场调查与预测	3	54
	消费者行为学	3	54
	广告学	2	36
	品牌管理	2	36
	服务营销	2	36

续表 4－1

模块	课程名称	学分(分)	学时(课时)
市场营销类课程模块	网络营销	2	36
	国际市场营销	2	36
	营销模拟	1.5	36
	医药企业市场策划	2	36
	OTC与保健品营销	1	18
	医药商品推销	2	36
	医药大数据分析	2	36
医药类课程模块	中医学通论	5	90
	基础医学概论	5	90
	临床医学概论	4	72
	药学概论	3	54
	药理学	3	54
	药剂学	2	36

一、工商管理类课程模块

1. 管理学

"管理学"课程着重使学生系统掌握管理工作的基本理论、原理、方法和技术。课程内容包括管理学研究对象、管理一般原理和管理过程等，重点是管理原理和管理过程。管理原理主要包括系统原理、动态原理、人本原理和创新原理；管理过程主要以职能为主线，分为计划、组织、领导、控制和创新。

2. 组织行为学

"组织行为学"课程是综合运用社会学、心理学、人类学、社会心理学和政治学等学科的知识来研究组织中人的工作行为规律的一门学科。课程内容包括个体行为、群体行为和组织行为等。个体行为部分主要讨论个性、知觉、工作价值观、工作态度以及工作激励等方面的内容。群体行为部分主要讨论群体动力、人际关系、沟通、领导、冲突、决策等方面的内容。组织行为部分主要讨论组织结构、组织变革和组织文化等方面的内容。

3. 运营管理

"运营管理"课程是介绍工商企业以及其他社会组织如何将资源有效地转换为满足顾客需求的产品或服务的课程,研究如何运用经济及有效的管理方法,对制造或服务企业有限资源的高效集成,为用户提供满意产品和服务的增值过程的管理。该课程强调理论和实践的结合,有理论阐述、数据分析、图表说明,是一门实践性、应用性很强的课程。本课程主要讲授运营系统构建和运营系统的控制两大主题。

4. 管理信息系统

"管理信息系统"(Management Information Systems,MIS)课程是一门综合了管理科学、信息科学、系统科学、行为科学、计算机科学和通信技术等多学科的新兴边缘学科。本课程是经济类、管理类相关专业的一门核心课程。通过课程的讲授,可以使学生系统地了解管理信息系统领域的相关概念、作用、技术基础和基本方法,培养学生用信息系统的观点来分析、规划、设计企业和组织的基本管理信息系统的能力,能够从信息系统的角度来进行案例分析,具备基本的企业信息系统开发规划能力,为今后解决MIS问题打下基础。

5. 财务管理

"财务管理"课程要求学生先期掌握一定的经济学、管理学、会计学、金融学以及数学等相关学科的基础知识。通过本课程,使学生了解企业财务、财务活动以及财务管理目标的基本概念,掌握财务管理的价值基础和财务管理的基本方法,通过对筹资、投资、营运资金以及收益分配的基本理论和方法的学习,能够熟练应用掌握的管理企业财务活动以及进行财务分析所需要的有关技能,从而解决企业实际财务活动的问题。

6. 会计学

通过"会计学"课程的学习,要求学生掌握会计的目的、对象、会计核算基本前提、会计核算原则等会计基本理论及设置账户、复式记账、填制审核凭证、登记账簿、财产清查等会计基本方法和基本操作技能,以及不同类型的账户处理程序,了解成本计算、会计报表编制及分析的基本方法。

7. 电子商务

"电子商务"课程内容分为三大部分：电子商务的理论与法规、电子商务基本技术和电子商务基本应用。主要包括：电子商务内容与类型、电子商务技术基础、网络营销、电子商务安全、电子货币与支付系统、医药电子商务与物流、医药电子商务供应链管理、移动电子商务、电子商务法律等。

8. 物流管理

"物流管理"是在"管理学基础""现代商务概论"的学习基础上帮助学生掌握现代物流管理思想，全面理解现代物流系统工作的一般规律，以达到提升学生物流理论素养，形成运用理论联系实际，分析物流作业规律，解决物流作业管理问题的能力为教学目标的一门应用学科，是理论性与实践性并举的专业基础课程。它主要研究现代物流的一般理论，物流系统的基本内容以及物流作业过程中的基本活动等。

9. 人力资源管理

"人力资源管理"课程以人力资源管理与开发的一般流程为主线，全面介绍人力资源管理的基本原理、原则和方法，系统阐述人力资源管理的各个职能，并就人力资源管理学科前沿问题和最新思潮进行介绍。具体来讲，主要包括人力资源管理概述、人力资源管理基础工作、人力资源战略与规划、人力资源招募、任用、培训、考核、报酬、激励、劳动关系管理以及人力资源管理发展趋势。

二、市场营销类课程模块

1. 医药市场营销

"医药市场营销"课程是市场营销专业的核心必修课，以市场营销学基本理论与方法为基础，结合医药行业的实际特点，研究医药企业如何在激烈的市场竞争中求生存、求发展，以及更好地满足消费者需求的一门学科。本课程主要包括市场营销绪论、医药市场营销环境分析、医药消费者购买行为分析、医药组织市场及其购买行为、医药市场调研与预测、医药企业市场营销战略、医药目标市场营销、医药产品策略、医药产品生命周期及新产品开发、医药产品价格策略、医药产品分销渠道策略、医药产品促销策略、医药市场营销组织、计划、控制与审计及国际市场营销等内容,并且进行相关的市场细分、目标市场选择及定位的实验、医药产品营销策划等实验,并且在教学过程中介绍医药行业的背景以及营销相关案例。

2. 医药市场调查与预测

"市场调查与预测"课程是经济与管理类专业的一门专业必修课程。通过本课程的学习,将使学生了解市场调研的发展、市场调研机构和数据的类型,掌握市场研究的抽样技术,了解定性与定量研究方法。课程学习结束后,将基本形成学生独立开展市场研究的基本能力和判断分析市场研究报告的能力。

3. 消费者行为学

"消费者行为学"课程重点讲授影响消费者行为的因素体系,消费者的心理活动过程,消费者的个性心理与行为,消费者的需要和动机,消费者群体的心理与行为,社会环境与消费者心理和行为,消费者的购买决策等内容,为学生进一步学习专业课程打下良好基础。

4. 广告学

"广告学"课程从市场营销的角度介绍广告的基本知识,为更进一步的专业课学习打好基础。通过介绍现代广告的基本原理和基础知识,总结现代广告实践的经验和技巧,帮助学生树立现代广告意识。使学生理解并掌握现代广告学的基本理论,熟悉现代广告活动的流程和策略,了解广告策划、创意设计、文案写作、媒介策略等广告运作流程的基本原则和技巧。通过鉴赏和评析优秀医药广告作品,了解和掌握医药广告创意的原则、规律和表现技巧。

5. 品牌管理

"品牌管理"课程使学生明确品牌基础理论,即品牌的含义、品牌与产品、品牌与商标的联系与区别以及品牌的价值。了解中国品牌竞争力状况、中国品牌竞争力与国际品牌竞争力的差距,品牌定位及品牌个性的主要内容。在此基础上,详细了解品牌成长、品牌发展、品牌整合营销、品牌形象塑造等品牌管理的主题内容。加深学生对品牌文化、品牌资产价值、品牌创新等品牌管理理论的理解与认识。最后向学生展示出品牌管理发展的新趋势,引导学生发挥想象,培养学生的创新思维能力。

6. 服务营销

"服务营销"课程专门研究服务营销的普遍规律和策略技巧,是整个市场营销课程体系的一个重要分支。本课程按照服务营销内在的联系和顺序,概述服务的发展历史,服务和服务营销的特征和导向;以外向的视角,以客户为中心,分析服务营销的市场;在明确市场要求的基础上,有针对性地介绍服务适应环境,争取市场的具体营销战略与策略。

7. 网络营销

"网络营销"课程介绍网络环境下,营销活动的基本理论、知识和技能,使学生掌握基于互联网的市场营销学的基本概念、基本原理,能根据目前网络市场发展规模和特征,针对不同市场环境、不同产品和网络消费者进行网络营销活动的分析和策划。

8. 国际市场营销

"国际市场营销"课程是一门综合性、实践性和应用性的边缘学科,以市场营销学、国际贸易为先行课程。主要介绍国际市场营销基本理论、国际营销战略计划、国际营销调研、国际市场分析与定位、国际市场进入战略、国际竞争战略、国际市场营销产品策略、国际营销定价策略、国际营销分销策略、国际营销促销策略、国际服务营销及国际营销组织、执行与控制。

9. 营销模拟

"营销模拟"课程是专门针对市场营销高年级学生开设的实战课程,通过软件模拟企业环境和内容,需要学生参与进来,综合运用企业管理知识,做出科学决策,培养学生的决策经验以及团队合作精神。

10. 医药企业市场策划

"医药企业市场策划"以培养学生实际营销策划的操作能力为主要目的。课程主要介绍企业营销策划的基本概念、程序和方法,内容包括市场调研与市场调研策划、企业营销环境分析、确定目标市场、营销组合策划以及一些主要的营销项目策划,如产品策划、品牌策划、价格策划、营销渠道策划、宣传与沟通策划和关系营销策划等。

11. OTC 与保健品营销

"OTC 与保健品营销"课程是建立在经济学、管理学、行为学、市场营销学原理等相关课程基础上的应用性课程。主要内容包括：国内外实行药品分类管理、OTC 药品市场及消费者的主要特点、OTC 药品的营销策略、OTC 药品的包装设计、OTC 药品的定价策略、提升 OTC 药品的品牌、OTC 药品的终端管理。

12. 医药商品推销

"医药商品推销"课程的主要内容有：人员推销、信息时代的药品临床推广、关系战略创造价值、理解购买者行为、开发潜在客户群、接近顾客、谈判等。通过本课程的学习，要求学生掌握推销的理论基础、营销学对消费者心理的认识以及对消费行为的认识，即全面而系统地掌握推销学的基础理论，为今后从事药品临床推广打好基础。

13. 医药大数据分析

"医药大数据分析"课程介绍如何利用 Python 大数据分析方法来实现常见数据分析任务，侧重于方法的应用和问题的解决，注重案例结合和实际操作的学习，强调学生掌握具体数据分析方法并可以自主开展各种数据分析活动。

三、医药类课程模块

本模块为体现中医院校专业特色的课程，针对非医药专业的学生开设医药课程，主要为以后医药营销工作和实践打基础和做准备。在极其有限的课时内，以鼓励学习兴趣为主，教会自我学习医药知识的方法。主要包括以下课程。

1. 中医学通论

"中医学通论"课程是针对非中医类专业所设置的中医课程，以加强学生对中医现状的认识为目的。该课程包括中医基础理论、中医诊断学、中药学、方剂学等几门基础课，由于课时限制以取其精华主干内容进行教学。课程内容有：中医学术的基本理论（理、法、方、药、经络、穴位及中医各科概要），涵盖内、外、妇、儿、伤、喉、针灸、按摩、护理等中医典籍概述。

2. 基础医学概论

"基础医学概论"课程紧密结合非临床医学类专业医学课程的教学要求，以"分子—细胞—器官—系统"为主线，整合机体相关的"正常—异常—康复"的内容，将解剖学、组织学与胚胎学、生物化学、细胞生物学、遗传学、生理学、病理学、病理生理学、药理学、微生物学、免疫学等多门基础医学课程进行有机地融合。淡化学科概念，突出综合性。内容简明扼要，前后衔接流畅、风格统一。在阐述基础医学基本理论的基础上，适当介绍基础医学的新进展。

3. 临床医学概论

"临床医学概论"课程是一门研究诊断学基础及临床各种常见疾病的课程，主要包括：诊断疾病的基础理论，基本技能，诊断思维——临床常见急症、传染病、内科、外科、妇产科、儿科、老年科的常见病病因、发病机制、临床表现、诊断与鉴别诊断、治疗原则和预防方法。

4. 药学概论

"药学概论"课程是本学院营销专业的必修课程，系统介绍世界和我国的药学发展历史、中药与天然药物化学、药物化学、药理学、药物分析、药剂学、生物技术与生物制药、药事管理学、合理用药与患者保健、药物的临床应用与服务、药物流行病学与经济学评价、医药职业道德、基础化学等方面的内容。是我校非药学类专业的学生了解药学类有关知识和理论的必不可少的课程。

5. 药理学

"药理学"研究药物对机体的作用规律和机理（药效学），阐明机体对药物处置的动态变化及其规律（药动学）及药物对机体的不良反应（毒理学）。在此基础上重点掌握临床常用药物的作用、适应证、不良反应与禁忌证，以指导临床合理用药和进行新药开发。药理学通过对药效学和药动学的研究，阐明了药物与生物机体相互作用的基本规律和机制，因而，对指导临床合理用药、防治疾病发挥着极为重要的作用。

6. 药剂学

"药剂学"课程介绍现代药剂学的有关理论、常用剂型与制剂的概念、特点、基本理论、处方设计、制备工艺、质量控制和合理应用等基本知识和基本技能;特别是DDS的含义和发展概况;常用剂型与制剂的辅料和设备以及工业化制剂生产相关的基本知识。课程内容涉及药物制剂的基本理论(与物理药剂学关系紧密)、药物剂型基本知识以及药物新剂型与制剂新技术等三大单元。

第四节 实验实践教学

营销不仅仅是理论研究,还是一门实践性极强的应用科学。课程实践教学用于帮助学生及时巩固和掌握课堂知识,侧重于检验或验证理论知识中的方法,以提高相应的能力。因此,要加强实践环节,并与营销理论相结合,以培养复合型、应用型的医药营销人才。

一、主要专业实验(实训)

通过多个实验室的建设,深化课程理论,提高学生的学习兴趣。

1. 医药市场营销

(1) 实验目的:加深对营销理论的理解,了解企业市场运作的流程。

(2) 实验内容:初步熟悉软件操作程序,了解参数概念;运行营销各个季度的全部流程,完成运作报告,进行财务分析;根据上一年度经营状况分析,最终进行公司运作评比,开始新季度运行。

(3) 实验方法:实验室上机。

2. 市场调查与预测

(1) 实验目的:加深对课堂理论的理解,掌握市场调查与预测的基本方法及应用技术,为实际工作打下基础。

(2) 实验内容:各种定性定量市场调查方法,调查方案设计,调查问卷设计,抽样调查技术,数据处理与分析。

(3) 实验方法:实验室上机。

3. 管理信息系统

(1) 实验目的:加深对应用管理信息系统课程基础理论、基本知识的理解,提高观察、分析和解决问题的能力,培养学生严谨的工作作风和实事求是的科学态度,使学生熟悉软件工程的规范,为学习后继课程和未来的科学研究及实际工作打下良好的基础。

(2) 实验内容:管理信息系统的认识;数据库实验—系统流程分析—系统设计及实施;物流管理系统实验与系统分解。

(3) 实验方法:实验室上机。

4. 运营管理

(1) 实验目的:培养学生系统地进行生产运营管理的工作思维和技巧,能够运用国际先进软件进行运营管理。

(2) 实验内容:运用软件进行运营管理数据的分析。

(3) 实验方法:采用多媒体教学,软件操作。学生的学习方法变传统的接受式方式为干中学以及任务导向的学习方法,建立学习小组,课上教学与课下自学相结合。

5. 电子商务

(1) 实验目的:掌握电子商务基本技能,达到具备初步从事电子商务实际工作的业务能力。

(2) 实验内容:电子商务的基本运作方式,网络中的安全设置,B2B电子商务流程,B2C电子商务流程,C2C电子商务流程,网络贸易流程,网络营销,网上银行与支付等。

(3) 实验方法:实验室上机。

6. 国际贸易实务

(1) 实验目的:加深对国际贸易理论的理解,了解国际贸易的流程,为实际工作打好基础。

(2) 实验内容:建立业务关系;出口报价核算;出口发盘、还盘;出口成交和合同签订;信用证审核和修改;出口运输、报验与投保;出口货物报关;出口制单结汇;出口业务善后。

(3) 实验方法:实验室上机。

二、综合实践环节

1. 企业参观

通过参观交流等多种活动方式,在带队老师指导下在实习单位开展有针对性的实践调研,了解医药企业运行的基本情况,了解医药市场营销的实践活动内容。

2. 市场调研

在专业课程内的实践环节需要进行市场调研,在学生的众多活动中也要用到市场调研,例如大学生创业等实践活动。市场调研实践,需要学生根据所学专业知识,设计问卷量表,实地调查,并撰写调研报告。

3. 市场策划

给定或自选项目,根据所学专业知识,深入实践,撰写市场策划书。市场策划是市场营销专业学习的重要部分,通过策划实践能够有效提升专业能力。

4. 毕业实习(含毕业论文)

综合实习,撰写论文。毕业实习是综合实践的高级阶段,是最后一个实践教学环节,是非常重要的后期教学过程,是学生就业前认识社会与行业现状,适应未来工作的最好的体验机会,着眼于学生所学理论知识的升华并提高综合素质与能力。

第五章
市场营销专业的教学安排与学习方法

大学阶段是学生系统学习知识和锻炼能力的关键阶段。在这一新的人生阶段开始之前,清楚地了解本专业的教学安排和学习方法,有助于明确自己的学习目标和发展方向,为顺利完成四年的本科学习,成为对社会有用的人才打下坚实的基础。

第一节 教学安排

大学教育是以培养高级专门人才为任务的专业教育,其最重要的功能在于,通过教育和辅导,开启年轻人的创造思维能力,使他们能够广纳新知,用自己的才智和学识为人生目标服务,因此教学安排主要围绕人才培养的目标和要求展开。大学人才培养目标一般包括知识探究、能力建设和人格塑造三方面。市场营销专业旨在培养适应现代市场经济需要,具有人文精神、科学素养和诚信品质,掌握管理学、经济学、市场营销学的基本理论方法和市场营销专业技能，具备创新创业思维和综合运用相关知识发现、分析和解决营销实际问题的能力的应用型、复合型专业人才。专业通常由若干门课程组成，围绕市场营销专业人才培养目标，结合市场营销专业的知识体系和课程特点，设置了多样化的课程。

一、课程设置

专业课程体系总体上包括理论教学和实践教学两个部分，所有课程根据课程性质分为必修和选修两种。必修课是指根据专业培养目标和培养要求，学生必须修读的课程和实践性教育教学环节，分为通识教育必修课和专业必修课。选修课主要是为了培养学生的兴趣爱好和为劳动就业需要而开设的，学生可在一定范围内自由选择学习的课程。选修课程分为通识教育选修课、专业选修课和素质拓展选修课。

本专业课程体系主要包括：通识教育课程、专业课程、素质拓展和实践教学。具体安排如下。

（一）通识教育课程

通识教育课程是高校按照教育部规定统一设置的所有专业学生必学课程，每个学校可能因学校性质、类别以及办学理念不同而存在部分差异，包括必修课程和选修课程。

1. 通识教育必修课程

主要包括思想政治教育、外国语言、军事体育、信息技术、创新创业和心理健康六类课程，共38学分。

（1）思想政治理论类：包括思想道德修养与法律基础、中国近现代史纲要、形势与政策、毛泽东思想和中国特色社会主义理论体系概论、马克思主义基本原理等课程。

（2）外国语言类：在第一至第四学期分别开设大学英语基础课程、大学英语提高课程、大学英语发展课程、大学英语高阶课程。同时开设英语四级培优、六级培优、托福培优、雅思培优等公共选修课程，满足学生出国、考研、论文写作等需求。

（3）军事体育类：包括军事理论和体育。

（4）信息技术类：学校根据学生计算机应用能力水平，分别开设大学信息技术基础、大学信息技术基础（Office 高级应用）和大学信息技术基础（Python 程序设计）课程,市场营销专业开设大学信息技术基础课程。

（5）创新创业类:包括大学生职业生涯规划和大学生创新创业与就业指导。

（6）心理健康类:开设大学生心理健康教育课程。

2. 通识教育选修课程

包括科学素养类、社会认知类、国学经典类、人文艺术类、国际视野类五类课程,在毕业实习前须完成至少6学分。除人文艺术类课程需要选修至少2学分外,其他四类课程至少各修1学分,学生可以参照学校的通识教育选修课程一览表自主选择课程。通过通识课程学习,学生能够更加清晰地认识自我、认识家国天下、认识宇宙自然,养成文明意识与历史观念,培育人文精神与科学精神,提升思考批判、交流合作与开拓创新的能力。

（二）专业课程

1. 专业基础课程

专业基础课程是高等学校中设置的一种为专业课学习奠定必要基础的课程,它是学生掌握专业知识技能必修的重要课程。设置专业基础课程的目的在于,转变以往过窄的以专业为中心的培养模式,按照学科门类培养学生,实施宽口径专业教育,使学生得到本学科的基本知识与基本教育的训练,以提高学生的专业适应能力与就业适应能力。

专业基础课程有一定的应用背景,但不涉及具体的实际操作与应用,因而其覆盖面较宽,有一定的理论深度和知识广度。这类课程构成了高校学生学习专业课程、形成专业能力的重要基础,并与专业课程共同构成了大学专业教育的核心课程体系。许多高校都设有相同的专业,但各个高校会根据自己的学校特色设置专业基础课,南京中医药大学市场营销专业基础课程都是必修课,主要包括:专业导论、高等数学、线性代数、概率论与数理统计、微观经济学、宏观经济学、统计学、管理学。

2. 专业课程

专业课程是指高等学校根据培养目标所开设的专业知识和专门技能课程,其任务是使学生掌握必要的专业基本理论、专业知识和专业技能,了解本专业的前沿科学技术和发展趋势，培养分析解决本专业范围内一般实际问题的能力。专业知识的发展比较迅速和经常变动，而且专业知识的范围也比较广泛。一般情况下，专业课的设置并非一成不变，专业课的内容变化也较为迅速。但是，由于高等学校只能打下一定专业知识的基础，更加专门的知识，要在实际工作岗位上继续学习。因此，专业课的设置和主要的课程内容，在一定时期内有相对的稳定性。

南京中医药大学市场营销专业课程分为专业必修课和专业选修课。专业必修课主要包括：医药市场营销学、医药市场调查与预测、消费者行为学、药品广告学、国际市场营销、财务管理、运营管理、网络营销、品牌管理、药理学、药剂学、药学概论、药事法规等。专业基础课和专业必修课合计 60 多学分。市场营销专业还开设大量专业选修课，包括：商务沟通、电子商务、医药企业市场策划、社会化媒体营销、医药大数据分析、物流管理、营销管理、学术论文设计与写作、基础医学概论、临床医学概论等等，专业选修课共计需选修 22 学分。

（三）素质拓展

包括专业任选课、军事训练、安全教育、创新创业实践、社会实践、劳动教育等，除专业任选课外，其他素质拓展课程全是必修课，总共约 12 学分。专业任选课根据学校提供的专业任选课一览表自行选择课程，尽量在毕业实习前修满 8 学分。社会实践包括社会调查、勤工助学、公益活动等。思想道德修养与法律基础、毛泽东思想和中国特色社会主义理论体系概论、马克思主义基本原理、中国近现代史纲要四门思想政治理论课中须安排总计 2 个学分用于指导学生开展实践学习。

（四）实践教学

包括各专业的教学实习、专业竞赛和毕业实习等。教学实习其实是专业认知实习，由学院统一组织低年级学生进行参观实习，以获取各自专业领域的感性知识，巩固所学理论。专业竞赛是由专业教师团队组织具备一定专业知识的学生参加营销类比赛，以赛促学，实践营销知识和提升专业技能。毕业实习是指学校统一组织高年级学生在完成大部分专业课教学任务的基础上，进行市场营销相关的实际操作练习，使学生了解市场营销活动的主要内容和基本规则，运用专业知识对现实问题进行综合性的研究，并试图提出解决方案。

市场营销专业的学生需要修满专业教学计划要求的共计约160学分的课程,除了必修课必须修满规定学分外,各类选修课和素质拓展课也必须修满规定的最低学分。每学期必修课学分数原则上不超过24个学分,学生可以跨学院、跨学校进行选课并互认学分。

二、指导性教学进程安排

市场营销专业为四年制,每一学年分上下两个学期,共计8学期。上述160学分以上的课程,在大学四年里按照要求和课程特点,逐步开设。必修课一般由选课系统自动载入学生的选课系统,各类选修课需要学生在学校规定的时间自主完成选课,市场营销专业的各类课程开设时间在本专业的指导性教学进程表中,具体安排如下如表5-1、表5-2(仅供参考,具体以学校教务处发布的人才培养方案为准)。

表 5-1　市场营销专业(四年制)指导性教学进程表(选修课)

课程类别		课程名称	考试	考查	总学时数	指导性自学	各学期学分/周学时分配							
							一	二	三	四	五	六	七	八
选修课程·通识教育	人文艺术类	具体课程参见"通识教育选修课程一览表"												
	科学素养类													
	社会认知类													
	国学经典类													
	国际视野类													
专业选修课程		商务沟通*	1		36	4	2							
		西方管理思想	2		18		1							
		中国管理思想	3		18			1						
		经济法	3		36	4		2						
		管理研究方法	4		36	4				2				
		OTC与保健品营销	4		18	2				1				
		电子商务	4		36	4					1.5			
		国际贸易理论与实务	4		72	8					3			
		商务谈判	5		36	4					2			
		物流管理	5		36	4						1.5		
		医药商品推销	5		36	4					2			
		医药企业市场策划	5		36	4					2			
		人力资源管理	5		36	4					2			
		社会化媒体营销	5		36	4					2			
		学术论文设计与写作	6		36	6							2	
		营销管理	6		36	4							2	
		商务英语	6		36	4							2	
		销售管理	6		36	4							2	
		保险学管理	6		36								1.5	
		客户关系管理	6		36	4							2	
		医药大数据分析	6		36								2	
		基础医学概论	2		90	10	4.5							
		临床医学概念	2		72	8	3.5							
		中医学通论	3		90	10			5					
		中医养生适宜技术	4		36	4				2				
		针灸推拿学	5		36	4						2		
		中医美容学	6		36	4							2	
		药学英语	6		36								2	
专业任选课程		具体课程参见各学期全校统一开设的选修课程												

表 5-2 市场营销专业(四年制)指导性教学进程表(选修课)

课程类别	课程名称	考试	考查	总学时数	学时学分				各学期学分/周学时分配							
					理论讲授		实验实训		指导性自学	一	二	三	四	五	六	七	八
					非综合设计性教学	综合设计性教学	非综合设计性教学	综合设计性教学									
		2		45					5	2.5							
		2		45					5	2.5							
		3		45					5		2.5						
		4		81					9			4.5					
			2	36	8		32		4	2							
			1	9	8				1	0.5							
			6	9	8				1		0.5						
			1	9	8				1		0.5						
			2	9	8				1				0.5				
			3	9	8				1					0.5			
			4	9	8				1						0.5		
			1	36	32				4	2							
			1	36	2		30		4	1							
			2	36			32		4		1						

续表 5-2

课程类别	课程名称	考试	考查	总学时数	理论讲授		实验实训		指导性自学	各学期学分/周学时分配							
					非综合设计性教学	综合设计性教学	非综合设计性教学	综合设计性教学		一	二	三	四	五	六	七	八
	■	3		36			32		4			1					
	Ⅳ	4		36			32		4				1				
		2		54	12		36		6	3							
		1		54	44	4			6	3							
		2		54	44	4			6		3						
		3		54	44	4			6			3					
		4		36	32				4				2				
			1	36	32				4	2							
		1		18	16				2	1							
		1		90	80				10	5							
		2		54	48				6		3						
		2		54	48				6	3							
		1		54					6		3						
		2		54					6			3					
		3		54			2		6				3				
		3		54	34	8		4	6				3				

续表 5-2

课程类别	课程名称	考试	考查	总学时数	学时学分 理论讲授 非综合设计性教学	学时学分 理论讲授 综合设计性教学	学时学分 实验实训 非综合设计性教学	学时学分 实验实训 综合设计性教学	指导性自学	各学期学分/周学时分配 一	二	三	四	五	六	七	八
专业课	■■■	2		54					6	2.5							
	■■■	3		54					6		2.5						
	■■■	3		54					6		2.5						
	■■■		3	36					4		2						
	■■■		4	36					4			1.5					
	■■■	4		54					6			2.5					
	■■■		4	54					6			3	2.5				
	■■■	5		36					4				2				
	■■■	5		36					4					1.5			
	■■■		6	36					4					2			
	■■■		6	36					4					2			
	■■■*	6		36					4					1.5			
	■■■		6	36					6				3				
	■■■		3	54					4				2				
	■■■		4	36					6				3				
	■■■		5	54													
	■■■	6		36					4					2			

第二节 教学环节

大学阶段的课程教学与中小学阶段完全不同,几乎每门课程都只在一个学期内分配极其有限的课时。怎样才能学好这些课程?市场营销专业的同学在前面三年里要完成80门以上的课程学习,提前了解大学教学环节的基本情况,有助于学生在有限的课时内高质量完成课程学习任务。

课程教学一般分为理论教学、实验实训教学、综合设计性教学。其中综合设计性教学是指改变传统教学方式,采用PBL、TBL、CBL、翻转课堂、病案讨论、角色扮演、OSCE、虚拟仿真等综合教学方法开展的教学活动。无论哪种教学,教学环节(即教学过程包含的基本环节)大体相似,主要包括如下环节。

一、课前准备

任课教师在接受课程教学任务后会在上课前准备课程教学相关的内容,也就是通常所说的"备课"。市场营销与实际密切结合,市场的快速变化使许多专业课的教材无法反映市场的最新变化,需要任课教师发挥专业特长,洞察市场和行业领域的变化,并融合进课程教学中。教学准备阶段任课教师根据课程特点,结合学生实际情况,设定课程教学目标,选择适应的教学方法和内容设计,并撰写教案、教学大纲和教学日历等教学文件。大学生在课程学习初期,可以提前通过学校的网络教学平台等途径查看各门课程的各类教学文件,对整个课程教学的基本情况做总体了解,提前做好学习准备和规划。

二、导入环节

在新的教学活动或内容开始时,老师通常会运用建立教学情境的方式,引起学生注意,激发学生兴趣。大多数大学课程每周上一次课,在讲授新的内容前，老师可能会采用不同的课堂导入方法，使学生能够回忆起上周的课程内容，并了解即将展开的新的课程内容与前面所学内容间的关系。多样化的导入形式都是根据即将展开的新的教学活动或内容来设计的，为了能够快速跟上老师讲课的节奏，学生需要提前做好前面所学内容的复习和新内容的预习，并且能够根据老师的导入内容展开独立思考。

三、讲授新课

讲授新课是教学环节的核心部分。理论教学主要采用课堂讲授，也是本科阶段常用的传统教学方法。所谓讲授法是教师通过口头语言向学生描绘情境、叙述事实、解释概念、论证原理和阐明规律的教学方法。它是通过叙述、描绘、解释、推论来传递信息、传授知识、阐明概念、论证定律和公式，引导学生分析和认识问题的一种教学方式。讲授法不是知识的简单传递和注入，它是由教师的理解转化为学生理解的过程。教师的讲授能使深奥、抽象的课本知识变成具体形象、浅显通俗的东西，从而排除学生对知识的神秘感和畏难情绪，使学习真正成为轻松的事情。讲授法采取直接的形式向学生传递知识，避免认识过程中的许多不必要的曲折和困难，这比学生自己去摸索知识可少走不少弯路。所以，讲授法在传授知识方面具有无法取代的简捷和高效两大优点。

目前，除了传统的板书讲授外，多媒体技术已在大学课堂上广泛应用，教师通过综合应用文字、图片、动画和视频等资料来进行课堂讲授，使得抽象难懂的知识变得直观易懂、生动形象，使课堂讲授在知识的传播上更为生动、方便和高效。学生们不仅能更好地接受知识，而且在单位时间内可接受的信息量更大，了解的信息更丰富。

在理论教学环节除了运用课堂讲授方式外，还应广泛采用以培养学生能力和提升学生素质为主的其他教学方式，如研讨式教学、问题导向与解决式教学、文献综述、研究报告、组织讨论和主持会议、口头报告与演讲、自查与互查作业等。鼓励教师将国际前沿学术发展、最新研究成果和实践经验融入课堂教学，注重培养学生的批判性和创造性思维，激发创新创业灵感，调动创新创业积极性。

四、课堂小结

无论是由教师主导的课堂讲授,还是学生主导的项目式学习或小组合作学习,都要在新的课程内容结束前,及时做好课堂小结。教师利用课堂最后几分钟时间对本节学习的内容进行梳理、归纳和总结,理清知识脉络,建构知识框架结构,进行学习指导,帮助学生消化本次课程所学内容。

五、巩固练习

课程作业是训练学生巩固所掌握的知识,并运用所学知识解决问题,实现知识向能力转化的一个重要教学环节,也是教师训练并了解学生学习情况的一个重要手段。在完成作业的过程中,学生通过积极思考和分析论证,也会不断提高分析问题和解决问题的能力。在学习过程中,为了帮助学生完成课程作业和复习,教师除了在课上和课间与学生面对面交流外,还可以采用电话答疑、网上答疑、集中辅导答疑等多种形式进行辅导答疑,使学生在学习过程中遇到的问题得以及时解决。在课程学习中遇到任何问题,学生一定要积极主动与任课老师沟通,便于老师了解学生的掌握情况。

教学环节的以上五个基本部分相互衔接、相互影响,在学习过程中,学生需要根据教学环节的要求完成相对应的任务,才能取得好的学习效果。

第三节 专业学习方法的建议

一、大学的学习特点

我国古代伟大思想家、教育家孔子有一句名言:"学而时习之。""学"就是效仿,从书本或他人获得知识技能,"习"则指从自身实践中获得知识技能。高等院校是培养人才的摇篮,大学生处于人生中学习精力最旺盛的时期,属于最富有朝气的一群人;学习是艰苦、复杂的脑力劳动,是大学生的首要任务,是他们明天事业的基础;学习知识、增长才干、掌握本领是大学生的重要职责。医学院校的学生,如果没有扎实的专业基础知识,将来就不能做好治病救人的工作,甚至有可能是诊错病、治死人的庸医。大学学习有如下特点:

(一) 专业性

大学教育具有最明显的专业性特点。从报考大学的那一刻起,专业方向的选择就提到了考生面前,被录取上了大学,专业方向就已经确定了,四年大学学习的内容都是围绕着这一大方向来安排的。大学的学习实际上是一种高层次的专业学习,这种专业性,是随着社会对本专业要求的变化和发展而不断深入的,知识不断更新,知识面也越来越宽。为适应当代科技发展的既高度分化又高度综合的特点,这种专业性通常只能是一个大致的方向,而更具体、更细致的专业目标是在大学四年的学习过程中或是在将来走向社会后,才能最终确定下来。因此,大学在进行专业教育的同时,还要兼顾适应科技发展特点和社会对人才综合性知识要求的特点,尽可能扩大综合性,以增强毕业后对社会工作的适应性。一般来讲,专业对口是相对的,不可能达到专业完全对口,这样,在大学期间除了要学好专业知识外,还应根据自己的能力、兴趣和爱好,选修或自学其他课程,扩大自己的知识面,为毕业后更好地适应工作打下良好的基础。

(二) 自主性

大学学习与中学学习截然不同的特点是依赖性的减少,代之以主动自觉地学习。大学教育的内容是既传授基础知识,又传授专业知识,教育的专业性很强,还要介绍本专业、本行业最新的前沿知识和技术发展状况。知识的深度和广度比中学要大为扩展。课堂教学往往只是提纲挈领式的,教师在课堂上只讲难点、疑点、重点或者是教师最有心得的一部分,其余部分就要由学生自己去攻读、理解、掌握。大部分时间是留给学生自学的。因此,如何培养和提高同学们的自学能力就显得尤为重要。大学的学习不能像中学那样完全依赖教师的计划和安排,学生不能单纯地接受课堂上的教学内容,必须充分发挥主观能动性,发挥自己在学习中的潜力。这种充分体现自主性的学习方式,将贯穿于大学学习的全过程,并反映在大学生活的各个方面,如学习时间的自主安排、学习内容和学习方法的自主选择等等。

自学能力的培养,是适应大学学习自主性特点的一个重要方面,每个大学生都要养成自学的习惯。正如钱伟长教授(全国政协副主席、上海大学名誉校长、著名物理学家)所说:一个人在大学四年里,能不能养成自学的习惯,学会自学的习惯,不但在很大程度上决定了他能否学好大学的课程,把知识真正学通、学活,而且影响到大学毕业以后,能否不断地吸收新的知识,进行创造性的工作,为国家做出更大的贡献。当今社会,知识更新越来越快,三年左右的时间人类的知识量就会翻一番,大学毕业了,不会自学或没能养成自学的习惯,不会更新知识是不行的。

(三)多样性

大学生学习空间大大扩展,有知识密集的教师群体,有设备先进的实验室,有藏书丰富的图书馆。学习方法有课堂讨论、看参考书、写读书笔记或论文,学习途径多样,上选修课、听学术讲座、参与教师的科研、自学、实验、教学实习、生产实习、社会实践,增加了学习知识的途径,使大学生可以积极主动地获取知识,但其中自学是关键。

(四)知识更新速度快

大学课程多、单位授课时间信息量大,教学内容具有高深的理论性、鲜明的定向性和较强的实践性。大学教师上课内容既要立足于课本,又要跟踪国际先进科学技术的发展和新科学发现等学科的前沿知识,无疑提高了学生学习的兴趣,但同时又加重了他们的负担,因为这些内容是书本上没有而学生又必须要了解的。

(五)学习任务重、竞争压力大

大学生除学习专业知识外,还要学习外语、计算机等多种课程,学习任务繁重。大学的环境决定了大学生的学习生活不是一件轻松的事,搞好学习不仅要有刻苦精神,还要有科学的学习方法,只有处理好各种矛盾才能更好地投身到学习中去,在学习过程中遇到的障碍很大、很多,而且大学同学之间竞争压力也很大。

(六)探索性

大学生的学习具有明显的探索和研究的性质。大学的教学内容由确定结论的论述逐步转向介绍各派理论观点和最新学术发展动向方面的知识。人文学科的内容变化更大,知识更新更快。这就要求大学生的学习观念从正确再现教学内容向汇集百家之长、形成个人见解的方向转变。大学生从在教师指导下完成作业,到独立完成毕业论文(或毕业设计)都带有明显的探索性质。

大学教学的上述特点是相互联系、相互制约,又相互促进的。其中专业性是最基本的,是其他特点的前提;研究性、创造性是核心,它支配着教学全过程;相对独立性、自主性是关键,贯穿于教学始终;阶段性和开放性是实现教学目的的措施和途径。了解和把握大学教学的这些特点,将有助于学生做学习的主人,顺利完成大学的学习任务,实现大学学习的目标。

二、大学学习之道

(一)大学的一般学习方法

学习方法是提高学习效率、达到学习目的的手段。钱伟长教授曾对大学生说过:一个青年人不但要用功学习,而且要有好的科学的学习方法。要勤于思考,多想问题,不要靠死记硬背。学习方法对头,往往能收到事半功倍的成效。

根据以上教学安排和教学环节的介绍,在大学学习中要注意把握几个重要环节:预习、听课、复习、总结、记笔记、做作业、考试等,这些环节把握好了,就能为进一步获取知识打下良好的基础。

1. 预习

这是掌握听课主动权的主要方法。预习中要把不理解的问题记下来,听课时增加求知的针对性,既节省学习时间,又能提高听课效率。

2. 听课做好笔记

上课时要集中精力,全神贯注,对老师强调的要点、难点和独到的见解,要认真做好笔记(注意做笔记要有取舍,若要试图记下老师讲的所有内容,既不可能,也没必要)。课堂上力争弄懂老师所讲内容,经过认真思考,消化吸收,变成自己的东西。

3. 复习和总结

课后及时复习,是巩固所学知识必不可少的一环。复习中要认真整理课堂笔记,对照教材、参考书目,进行归纳和补充,并把多余的部分删掉,经过反复思考写出自己的心得和摘要。每过一个月或一个阶段要进行一次总结,以融会贯通所学知识,温故而知新,形成自己的思路,把握所学知识的来龙去脉,使所学知识更加完整系统。

4. 做作业和考试

做作业是巩固、消化知识,考试是检验对所学知识掌握的程度,它们都起到了及时找出薄弱环节,加以弥补的作用。做作业要举一反三,触类旁通,要养成良好习惯,绝不能抄袭。对考试要有正确态度,不作弊,不单纯追求高分,要把考试作为检验自己学习效果和培养独立解决问题能力的演练。

在学习中抓住上述这几个基本环节,在理解的基础上进行记忆,及时注意消化和吸收。经过不断思考,不断消化,不断加深理解,这样得到的知识和能力才是扎实的。

(二)选择适合自己特点的学习方法

大学学习除了把握好以上主要环节之外,还要有目的地研究学习规律,选择适合自己特点的学习方法,提高获取知识的能力,具体说来,这些方法主要有:

1. 要制订科学的学习计划,做驾驭时间的主人

大学学习单凭勤奋和刻苦是远远不够的,只有掌握了学习规律,相应地制订出学习的规划和计划,才能有计划地逐步完成预定的学习目标。首先,要根据学校的培养计划,从个人的实际出发,根据总目标的要求,从战略角度制订出基本规划,包括自己希望达到的总体目标、知识结构,在学好专业计划课程之外选修哪些科目,着重培养哪几种能力等等。

对大学新生来说,制订整体计划是困难的,最好请教本专业的老师和求教高年级同学。先制订好一年级的整体计划,经过一年的实践,待熟悉了大学的特点之后,再完善四年的整体规划。其次要制定阶段性具体计划,如一个学期、一个月或一周的安排,计划的制订要结合自己的学习情况和适应程度,主要是学习的重点、学习时间的分配、学习方法如何调整、如何选择参考书目等。这种计划要遵照符合实际、切实可行、不断总结、适当调整的原则。

大学期间,除了上课、睡觉和集体活动之外,其余的时间机动性很大,科学地安排好时间对成就学业是很重要的。想成事业,必须珍惜时间。首先,要安排好每日的作息时间表。安排时要根据自己的身体和用脑习惯,注意

劳逸结合。一旦安排好时间表,就要严格执行,切忌拖拉和随意改变,养成今日事今日做的好习惯。其次,要珍惜零星时间,大学生活越是丰富多彩,时间就被切割得越细,零星的时间越多。著名数学家华罗庚教授曾说:"时间是由分秒积成的,善于利用零星时间的人,才会做出更大的成绩来。"

2. 要讲究读书的艺术,同时要勇于怀疑、批判

大学学习不光是完成课堂教学的任务,更重要的是如何发挥自学的能力,在有限的时间里去充实自己,选择与学业及自己的兴趣有关的书籍来读是最好的办法。学会在浩如烟海的书籍中,选取自己必读之书,就需要有读书的艺术。首先要确定读什么书,其次对确定要读的书进行分类,一般来讲可分为三类:第一类书只需浏览就行了,第二类书则需要通读,第三类书则需要精读。正如培根所说:有些书可供一赏,有些书可以吞下,不多的几部书应当咀嚼消化。浏览可粗,通读要快,精读要精。这样就能在较短的时间里读很多书,既广泛地了解最新科学文化信息,又能深入研究重要的理论知识。

大学的知识较中学知识而言,是靠近前缘性的知识。越是接近知识的发展前缘,知识就越具有不确定的性质。人类的任何知识其实都是在特定历史背景和特定客观条件下的产物,尤其是面对社会这个复杂系统,其边界条件十分复杂、多变,人们很难得出精确的结论,很多具体理论和数理模式都是在对边界条件大大约化的前提下或在非常典型的条件下做出的,都是非常粗糙和大致的。比如说现代财务会计理论就是建立在四大假设基础之上的,而四大假设正在遭遇着更多人的怀疑和与现实的背离。所以我们有足够的理由不去迷信权威之见,带着怀疑、批判的眼光去审视一切理论。

因此,读书时还要做到如下两点:一是读思结合,读书要深入思考,不能浮光掠影,不求甚解;二是读书不唯书,不读死书,这样才能学到真知,古人云:尽信书,则不如无书。

3. 要善于综合和分析

所谓综合,即对研究对象的各要素、方面、环节、过程的概括、抽象能力。所谓分析,即对象各要素、方面、环节、过程等做出解析性、还原性说明的能力。这两方面能力的培养,一要通过哲学方法论的专门训练,二要在学习中不断积累。关于综合,不仅要综合客观对象的各方面,更重要的是要注意综

合前人对研究对象的重要思路和各种结论,甚至注意综合自己的各种思考和成果。关于分析,就是在研究理论问题时,一定要弄清概念,从概念分析入手,把对象清晰地展示出来,然后才能进一步谈怎么办的问题。

4. 要察微知著,并要学会辩证思维

宇宙间的一切事物、现象之间,事物的要素与整体之间,都存在着这样或那样的联系,存在着或多或少的可类比的性质。同日常生活中从一个人的一句话、一个动作、一个眼神,甚至音调、语气上能看到他的内心世界一样,科学研究中也存在这种"一叶知秋""察微知著"的道理。要培养自己的这种全面辨察能力,首先要培养自己对专业浓厚的兴趣,其次要培养细心的习惯,再次还要培养自己丰富的想象能力。

同时,要学会从正面、反面、不同侧面及动态变化中认识事物、分析问题。之所以要这样,是因为世界上的一切事物无不具有辩证的性质。例如生与死、福与祸、好与坏、真理与谬误、人的优点与缺点之间都具有相互包含的关系,只看到一面而不看到另一面及其他方面,只看到一时之状态而不与历史与未来联系,只看到"是此非彼"而不知"亦此亦彼",势必钻牛角,得出片面的甚至错误的结论。

(三)**专业学习的建议**

如前文所述,市场营销专业具有理论与实务紧密相连,综合性和应用性很强的特点,要顺利完成学习任务,学生在专业学习中,应注意如下问题:

1. 完善知识结构

建立合理的知识结构是一个复杂长期的过程,必须注意如下原则:① 整体性原则,即专博相济,一专多通,广采百家为我所用。② 层次性原则,即合理知识结构的建立,必须从低到高,在纵向联系中,划分基础层次、中间层次和最高层次,没有基础层次,较高层次就会成为空中楼阁,没有高层次,则显示不出水平。因此任何层次都不能忽视。③ 比例性原则,即各种知识在顾全大局时,数量和质量之间合理配比。比例的原则应根据培养目标来定,成才方向不同知识结构的组成就不一样。④ 动态性原则,即所追求的知识结构决不应当处于僵化状态,而须是能够不断进行自我调节的动态结构。这是为适应科技发展知识更新、研究探索新的课题和领域、职业和工作变动等因素的需要,不然跟不上飞速发展的时代步伐。

2. 通过实践培养创新能力

学生要在实践中创新，特别是社会实践。社会实践内容广阔，模式多样，场所、对象各异，形势变化多样，大学生在参加实践的过程中摆脱课堂和校园的束缚，更容易激发他们的兴趣，活跃他们的思维，实践他们所学的知识，这样更有利于培养大学生的创新能力，为专业学习及今后的就业、深造打下良好的基础。

3. 打好数学、外语和计算机运用的坚实基础，培养专业基本素质和能力

数学是科学研究的必备工具，学习数学的过程也是掌握认知和思考方法的过程；外语是高级人才必须熟练掌握的沟通工具；计算机及互联网的熟练运用是新时代高级人才必须具备的基础能力。学生必须要利用好大学的学习平台，在课堂内外运用多种学习方式，使自己具备数学、外语和计算机运用的坚实基础，形成良好的专业基本素质和能力。

4. 培养专业实务技能

市场营销专业的应用性非常强，因此学生掌握必要的实务技能对今后顺利就业非常重要。市场营销是企业以满足顾客需要、实现顾客满意为中心所进行的一系列活动，包括市场调研、选择目标市场、产品开发、产品定价、渠道选择、产品促销、产品储存和运输等。在学好专业课程的同时，积极参与各种与营销相关的实践活动，例如学院或学校组织的营销大赛、大学生创业活动、各类社会实践活动和专业实践活动。在活动中提升营销策划、文案写作、市场洞察等各项专业技能。

第四节　考核要求

课程考核是教学活动的一个重要环节，既是对学生学习成效的一种检验，为下一阶段的学习打下基础，也能帮助教师全面地了解学生的学习状况，诊断教学中的问题，以利于教师修正教学过程和个别辅导，提供最适合个体发展的教育。所有专业人才培养方案中规定的课程都要进行考核,各类见习、实验(训)、课程设计等实践性教学环节也按相应的规范进行考核。在籍学生必须参加所修课程的考核,并得到相应的考核成绩,成绩合格方能获得相应的学分。参加免修、缓考、重修、缓重修的学生必须办理有关手续,方能取得参加相应考试资格,未经批准擅自参加考核者成绩不予认可。

一、课程考核

(一) 理论教学环节考核

课程考核分为考试、考查两种形式,大多数必修课程通常采取考试的方式考核,而选修课程采用考查的方式考核。考试,是一种严格、标准的知识水平评价方法,要求考生在规定的场所、规定的时间,按规定的要求和标准,完成规定的作业任务,以评价其课程学习效果。考试一般为笔试,主要为闭卷形式,采用百分制评定成绩。考试前,任课教师要做好辅导答疑工作,但不得出复习题,不准摘录或暗示考试范围。考查是可灵活选择考核方式和方法,学生按照任课教师要求完成作业任务,教师可自定考核标准来评定学生的学习成绩。考查课程采用五级制评定成绩:优秀、良好、中等、及格、不及格。百分制与五级制的换算:90~100分为优秀;80~89分为良好;70~79分为中等;60~69分为及格;60分以下为不及格。

必修课程首修考核不及格,可在学校规定的时间内补考一次,也可放弃补考,直接重修,参加补考时不得申请缓考。选修课程考核不及格,不组织补考,可选择重修或改选专业选修课规定范围内的其他课程。进入毕业实习(设计、论文)环节的学生不得参加重修。凡旷考或考试作弊者,该课程成绩以零分计,并不准参加正常补考或重修。

近年来,高校在对学生课程的考核上逐步改变传统的结果考核,增加了平时成绩所占比重。课程考核总成绩由平时成绩和课程结束考核成绩两大部分构成。平时成绩由课程教师根据各门课程的特点采用多种恰当的考核方法,加强对日常学习过程考核。任课教师一般会在开课初期向学生公布课程考核形式和成绩评定办法。学生最终成绩由课堂参与、作业、小测验和期末考核等部分组成,实验课等课程采用平时上机测验与最终实验综合考核相结合的方式进行,促使学生注重学习过程。因此,大学里的学习不仅要重视期末考核,还要重视平时的课程学习,积极参与各项课堂活动。

(二)实验、实践教学环节考核

实验课有专门的考核标准,例如营销模拟、会计学、网络营销、管理信息系统等课程都设置了上机实验环节,需要按照任课教师要求完成实验任务。

结合营销专业的实践特性,很多课程在教学过程中设置了实践环节,例如市场调查与预测和医药企业市场策划等课程,以实践操作任务为导向,引导学生边学边做,学生实践参与的过程和结果是课程考核的重要组成部分。

其他的专业实践项目有的以实践报告形式进行,例如专业认知实践。还有专业阅读,需要根据学校提供专业书目阅读,并写阅读报告。

二、毕业实习考核

(一)阶段考核(如跨部门或多单位实习必须进行阶段考核)

1. 实习学生自我考评

每阶段实习结束前两天,实习学生应实事求是地填写考评表,及时送交带教老师,凡不填写或不交考评表者,不得进入下一轮实习。

2. 阶段考核

学生每一阶段实习结束时,带教老师应对实习生进行认真考核,其考核内容主要为:

(1)政治思想和劳动纪律考核。实习学生每阶段实习结束时,带教老师按"学生实习阶段考评表"要求,根据学生在实习期间的政治思想、劳动纪律等方面表现,按"优、良、中、差"给予评定记分。

(2)业务考核。带教老师按"学生实习考评表"要求,根据学生在实习期间的学习态度、专业知识掌握情况和操作技能等方面,结合工作实践,按"优、良、中、差"给予评定记分。带教老师应根据上述考核情况,并结合平时实习表现,综合分析,写出评语。

(二)毕业实习结束考核

(1)毕业实习结束考核由学生最后的实习单位负责进行。

(2)毕业实习结束前一周,学生须认真做好毕业实习自我鉴定,经实习组评议,并写出意见后,交实习生管理部门。

(3)毕业实习结束时,实习单位将实习学生考评表,按人汇总装订成册,综合各阶段考评及平时考勤情况,全面分析,写出实习单位考核鉴定意见。毕业实习考核表和有关考核材料,经实习单位盖章密封后由学生本人带回,以班级为单位提交至学院学生工作办公室。

三、毕业论文考核

毕业论文(设计)是高等教育不可缺少的基本教学环节,是本科人才培养计划的重要组成部分,也是大学生必须完成的一门重要的必修课。通过撰写毕业论文(设计),全面检验学生综合运用多学科的理论、知识与方法的能力,进行从事科学研究和发明创新的基本技能的集中训练。搞好毕业论文(设计)工作,对培养学生的实践能力、创新能力和创业能力,全面提高教学质量具有重要意义。申请参加毕业论文(设计)的学生必须修完所学专业教学计划规定的全部课程,并达到规定的学分,特殊情况未满足上述条件的须经教务处批准后方能参加。

(一)毕业论文的基本教学要求

(1)进一步巩固加深学生的基础理论、基本技能和专业知识,通过毕业论文(设计)训练,使之系统化、综合化。

(2)使学生获得从事科研工作的初步训练,培养学生的独立工作、独立思考和综合运用已学知识解决实际问题的能力,尤其注重培养学生独立获取新知识的能力。

(3)培养学生的文字表达、文献查阅、文件编辑、研究方法、数据处理、计算机应用、工具书使用等基本工作实践能力,使学生初步掌握从事科学研究的基本方法。

(4)使学生树立适应社会主义市场经济要求的正确设计思想和观点;树立严谨、负责、实事求是、刻苦钻研、勇于探索、具有创新意识、善于与他人合作的工作作风。

(二)毕业论文的基本过程

毕业设计(论文)工作一般在第7学期中期启动,本科毕业论文(设计)工作一般由选题及定题、论文(设计)指导、论文(设计)开题报告、中期检查、定稿、论文(设计)评阅、答辩与评定成绩等环节组成。

一般在第 7 学期的第 10 周,由学院将审定后的毕业论文(设计)参考选题以毕业论文(设计)选题指南的形式向学生公布。学生在初步明确论文(设计)题目意向后,先填写"毕业论文(设计)选题审批表",然后在指导教师的指导下确定选题及论文(设计)的题目或名称。

学生选题及论文(设计)标题(名称)经指导教师审定后,可在指导教师的指导下进行资料搜集或文献查阅,填写"开题报告书",并在规定的时间内由工作指导小组组织开题,开题不通过的学生不得进入下一个写作程序。论文指导教师给通过开题报告的学生下达毕业论文(设计)的各项任务,安排好写作过程,并完成相关论文(设计)文件。

学生严格按照"毕业论文任务书"的规定进行毕业论文的撰写,主动向指导教师汇报毕业论文(设计)进展情况,主动接受指导教师的检查和指导。在规定时间内学生完成初稿,以系为单位对学生的毕业论文(设计)初稿进行检查,并提交书面报告,分析学生毕业论文(设计)的整体进展情况。中期检查,主要检查论文的进展情况,包括是否符合计划要求,教师指导是否到位等,由指导老师和学生共同填写中期检查表,交系归档。

答辩前,毕业论文要经指导教师审阅定稿后,学院组织毕业论文(设计)答辩。毕业论文(设计)答辩采用"回避制",即指导教师不参加对自己指导学生的答辩评分工作。答辩时,先由学生陈述汇报,然后答辩小组老师提问,学生当面回答。论文答辩时间一般在第 8 学期第 16 周。

(三)毕业论文评分标准

毕业论文成绩分为优秀、良好、中等、合格、不合格五级。

1. 优秀

能独立圆满完成课题各项任务,并在某些方面有独特的见解或创新,其成果有一定的理论意义或实用价值;毕业论文内容完整、概念清楚、论述详尽、计算正确、层次分明、书写规范;论文工作有显著难度、工作量大;所采用的方法技术含量高,论文反映学生独立工作能力强,工作态度认真;答辩时能熟练地、正确地回答问题,逻辑性强,并按规定时间完成论述。

2. 良好

能较好地完成课题各项任务,并在某些方面有一些见解或创新;毕业论文内容完整、概念清楚、论述较详尽、计算正确、层次分明、书写规范;所采用的分析方法有一定的技术含量,有较强的独立工作能力,工作态度认真;答辩时能较好地、正确地回答问题,逻辑性强,并按规定时间完成论述。

3. 中等

及时完成课题任务,并在某些方面有创新点;毕业论文内容基本完整,论述比较详尽,层次比较分明,书写比较规范;有一定的独立工作能力,工作态度比较认真;答辩时能正确回答所提出的大部分问题,且具备一定的逻辑性。

4. 合格

完成课题任务;毕业论文内容基本完整,论述及计算无原则性错误,书写基本规范;有一定的独立工作能力,工作表现较好;答辩时能回答所提出的主要问题,且基本正确。

5. 不合格

凡有以下条款之一者,评价为不合格:没有完成课题任务;毕业论文中有较大原则性错误,掌握已学有关专业知识很差;论文无中心,层次不清,逻辑混乱,文句不通;主要内容基本抄袭他人成果;答辩时思维混乱、概念不清。

四、毕业考核

医药类专业毕业生须由实习基地出具毕业考核表,并提供完备的考核资料和考核成绩。市场营销专业的毕业考核为论文答辩,学生只需修满规定学分,完成毕业论文(设计),并通过答辩,达到学校学位授予的有关规定,便可授予管理学学士学位。

第六章
毕业就业及继续教育

当今世界经济正以势不可挡的趋势朝着全球市场一体化、企业生存数字化、商业竞争国际化的方向发展,以互联网、知识经济、高新技术为代表,以满足消费者的需求为核心的新经济迅速发展。在如此高度竞争、瞬息万变的宏观经济下,营销被摆在了举足轻重的地位上。营销是中国 21 世纪最热门的职业,营销人员尤其是掌握网络技术的网络营销人员更是市场经济大潮中的弄潮儿。

第一节　毕业要求

根据教育部颁发的相关文件中对于本科市场营销专业学生的要求,遵照最新版本的《2020 年南京中医药大学卫生经济管理学院市场营销专业人才培养方案》中的具体培养计划和目标,市场营销专业毕业生必须达到以下标准,才允许获得教育部认可的相关学历学位证书。具体要求如下:

一、思想行为及素质规范等方面毕业要求

（一）政治、体育及创新创业等教学基本要求

1. 思想政治教育

学校遵循"育人为本，德育为先"的教育方针，通过对学生进行思想政治理论教育，使学生掌握马列主义、毛泽东思想和中国特色社会主义理论的基本原理；以理想信念教育为核心，以爱国主义教育为重点，以思想道德建设为基础，实现大学生的全面发展，培养中国特色社会主义事业合格建设者和可靠接班人；使学生具有为实现中华民族伟大复兴"中国梦"而奋斗的志向和历史责任感。

思想政治教育采取理论教学与社会实践相结合、与学生的日常教育管理相结合的方式，开展自主学习，培养学生的学习能力和研究能力，真正做到"知行合一"。

2. 军事体育教育

通过国防教育，培养学生具有国防观念、爱国主义精神和献身社会主义建设事业的历史责任感，使学生掌握一定的军事知识和技能；提高学生的组织纪律性，养成学生的集体主义精神和艰苦奋斗的优良作风。

全面贯彻"健康体育""快乐体育"的教育理念，体育教学注重与专业特点相结合，以传统保健体育教学为特色，采取俱乐部制的教学形式（学生自主选择上课时间、自主选择上课内容、自主选择任课教师），指导学生学习体育的基本理论、知识和运动技能，掌握锻炼身体的科学方法，培养学生形成坚持体育锻炼的良好习惯，增强学生体质，达到大学生体质健康合格标准，培养学生团结协作、勇于竞争的品质及终身参与体育锻炼的意识和习惯。

遵循"以文化人，知行合一"的教育理念，通过开展艺术与人文素质教育，培养大学生的审美修养与人文精神。

大学生心理健康教育通过团体训练等多种形式，帮助学生掌握并应用心理健康知识，增强心理保健意识，培养自我调节能力，提高心理素质，实现身心健康。

3. 素质拓展教育

以开发大学生人力资源为着力点,设计开展有助于学生提高综合素质的各种活动和工作项目,引导和帮助广大学生完善智能结构,全面成长成才。学校实施素质拓展"八个一"工程,实施学分化管理,主要从思想政治与道德素养、社会实践与志愿服务、科技学术与创新创业、文体艺术与身心发展、社团活动与社会工作、技能培训等方面实施素质拓展各项训练,帮助学生树立公民意识和社会责任感,提高社会认知和自我认知能力,提升人文素养和科学精神,培养创新精神和实践能力,促进身心健康和社会适应。

4. 创新创业教育

以"求真、求实、求发展"的理念,引领学生树立创新创业意识、培养创新创业能力为核心,通过第一课堂和第二课堂教学和实践的有机结合,开展创新创业思维和方法训练,培养学生反思批判精神,推进研究性学习,引导广大学生开拓学科视野,投身科学研究和创业实践,鼓励学生参与各级各类创新创业训练和竞赛,不断提高学生综合运用知识分析、解决问题的能力,促进知识向能力和成果的转化,培养适应社会发展需要的高水平创新创业型人才。

二、专业知识与专业技能方面毕业要求

对于市场营销专业的学生专业知识与技能方面,根据我国教育部制定的相关标准,需要在规定的大学本科在校的四年学习时间中,按照规定修满学分,通过学位论文答辩,英语通过大学英语四级考试(CET-4),计算机通过江苏省一级考试。

在专业课程的学习过程中,按照2020年制定的市场营销专业人才培养方案,学生需要完成五大课程模块的学习,通过考试或考查,毕业总学分为167个学分,限选课必须修满规定学分,多选学分可替代任选课学分。通过四年专业系统的学习,要求市场营销专业的学生达到培养目标,并具备相应知识及能力。

结合我校人才培养定位和本专业实际,对本专业毕业生应具备的知识、能力结构提出明确、具体的要求,包括计算机、外语等应达到的标准等。

1. 知识结构要求

（1）掌握管理学、经济学的基本理论；

（2）系统掌握市场营销、市场调研的基本知识和相关理论；

（3）熟悉我国有关市场营销的方针、政策与法规及了解国际市场营销惯例和规则；

（4）了解本学科的理论前沿及发展动态；

（5）了解医学、中医学、药学等现代和传统医药学的基本知识。

2. 能力结构要求

（1）掌握市场营销的定性、定量分析方法；

（2）具有解决营销实际问题的基本能力；

（3）具有较强的语言与文字表达能力；

（4）具有良好的人际沟通与交往能力；

（5）掌握文献检索、资料查询、数据处理的基本方法。

3. 素质结构要求

（1）具有良好的思想道德品质；

（2）身心健康；

（3）具有正确的人生观和价值观；

（4）具有良好的职业素质。

本专业毕业生修满相应学分，完成各项培养目标的要求，具备本专业应有的知识及能力，方能取得由国家教育部颁发的管理学学士学位。

第二节　就业前景

市场营销类职位是人才市场需求榜上不落的冠军，从有关统计推测，销售类在未来相当一段时期仍是需求量最大的职位。拥有良好沟通技巧和心态的营销类专业的毕业生总体就业形势不错。但随着国内市场的一步步规范化，无论是国有企业、民营企业还是外资企业都站在同一起跑线上参与市场竞争——其核心就是营销人才的竞争。市场营销专业是需求较大的专业，各类企业均需要，就业前景很广阔，历年平均就业率达97%左右。总体看来，现在的就业状况仍是趋好，市场上对此类专业人才的需求大于高校的培养计划，营销人才成为除管理人才之外的第二大人才缺口。中组部《关于加强和改进企业经营管理人员教育培训工作的意见》提出："我国新经济形势下缺少既懂管理、又懂技术，既熟悉国内市场、又熟悉国际市场的复合型高级管理人才"。由此可见，市场营销总监、市场营销经理等高级营销管理人员已被纳入国家紧缺人才管理系统。

一、市场营销专业发展具有潜力

惠普前总裁孙振耀曾在"退休感言"中提到，"有个有趣的现象就是，世界五百强的CEO当中最多的是销售出身，第二多的人是财务出身，这两者加起来大概超过95%"。为何有这样的"规律"？就在于"销售"有助于了解整个公司的运营，与人打交道的经验积累也有助于人力管理。在此状况下，雇主对经历过"市场营销"专业训练的人才需求量较大。从大多数求职人员最关心的薪酬问题上看，营销专业人才的薪资毫无疑问会高于其他行业，营销行业的薪资的终极体现是"多劳多得"，也就是说和自己的付出是成正比的。在美国，每年的职业排名前五的都会有销售。而且市场营销人才每年都是紧缺人才。可以说销售人员对社会进步的贡献是不容忽视的。

随着经济全球化的不断加速以及我国经济的高速发展，给企业创造了更广阔的市场竞争环境。企业要在新的经济环境下，参与市场竞争、取得持续健康的发展，就必须树立现代市场营销观念，制定市场营销战略，搞好内部和外部市场营销活动。这就需要大量高素质的市场营销人才，为市场营销专业提供广阔的市场前景。同时，大量的数据和事实表明，社会对市场营销人员的需求量一年比一年大，越来越多的用人单位主动上门争抢市场营销专业的毕业生。很多毕业生走上工作岗位以后很快独当一面，甚至出现市场营销专业毕业生垄断某些单位营销部门的局面。

由于营销科学是近40年才从国外引入的"舶来品"，所以目前国内企业整体的市场营销水平还比较低。企业的市场营销人员大部分都是从其他专业或行业发展过来的，很多高级市场营销管理人员也没有接受过系统的营销知识培训和学习,做市场完全靠的是他们的经验和对行业发展前景的感觉,市场运作的科学性、系统性不强。这种状况已经难以适应国内、国际不断提高的市场竞争水平。因此,企业急需那种具备系统营销知识和技能的人才,特别是高级市场策划和管理人员。人社部公布的2018年度全国人才市场供求最新排名及统计信息显示,市场营销排在所有招聘专业的第一位,求职专业的第二位。

二、市场营销专业本科毕业生未来的机遇与挑战

市场营销专业的毕业生开始一般多会从事销售类和市场类的工作,刚开始基本都是做业务,工作比较辛苦,压力也会比较大。但是工作提升的空间很大,如果业绩出色的话,职位可以提高到业务总监或者从事营销策划的工作。单纯从就业的角度来讲,市场营销一直在需求量上居前三位,而且公司从经营的角度来说,市场开拓是必不可少的业务板块。

随着我国市场经济的不断完善,市场营销已经渗入各种各样的企业里,不仅是外资企业、民营企业,国有企业也都重视市场营销。人们对市场营销的观念也将有更深的认识,所以对这方面人才的需求将继续看好,并有继续升温的可能。但是,因为市场营销的特殊性,做市场营销需要各种能力,不是学市场营销的人就适合做市场营销,专业知识反而变得不是很重要,很多低文凭的人愿意付出更大的劳动获得更多的回报,成为营销专业学生的强劲的对手,给毕业生造成了一定的压力。但是随着市场越来越趋于成熟,企业在竞争环境之下,对于专业性高层次人才的需求会日益增强,这对于市场营销专业的本科毕业生既是一种机遇,也是一种挑战。

三、医药类高校营销专业学生就业优势

医药营销类职位是市场营销人才需求榜上不落的冠军,多个权威薪资调查报告显示,医药和生化行业的薪资都呈高增长态势,医药代表、中高级管理等职位的薪酬收入可达到行业平均水平的1.5~2倍,在各人才网站的行业排名中,生物、制药、保健、医药行业的营销人员需求不断跳升,已经进入前十。南京中医药大学卫生经济管理学院的市场营销专业非常注重培养学生开展市场调研、市场开发、渠道管理、顾客服务、营销策划、广告宣传以

及营销战略制定的能力,培养学生独立分析问题、解决问题的能力,培养学生的创新意识和敬业精神。从我院各届毕业生的就业情况看,就业形势非常好,就业率均达到97%以上,每一届都有一定比例的应届毕业生应聘进入世界500强生物制药公司中国区各分公司担任医药代表,并在各自的岗位上取得了较好的成绩。

四、南京中医药大学卫生经济管理学院市场营销专业就业形势分析

根据南京中医药大学卫生经济管理学院学生工作办公室统计的近三年(2018—2020年)的毕业生就业统计数据表明,市场营销专业总体就业率维持在90%以上(表6-1)。同时,对2017年与2020年的毕业生具体就业及发展方向相关数据进行了统计,得到以下数据(图6-1,图6-2)。

表6-1 2018—2020年南京中医药大学市场营销专业就业率情况

	毕业生总人数	总体就业率
2018届	60	96.67%
2019届	69	97.59%
2020届	60	95%

图6-1、图6-2中统计的数据表明,南京中医药大学卫生经济管理学院市场营销专业就业率除部分学生升学、出国以及自主创业外,总体就业率呈现较好水平,应届毕业生主要协议就业单位基本为国内外知名医药企业及医院等。从用人单位历年来反馈的信息来看,我校毕业生专业知识扎实,能够在岗位上做出突出贡献,表现优异,受到各用人单位的好评。

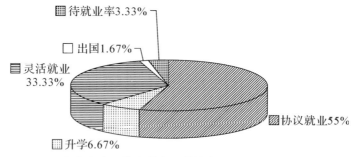

图6-1 2018年南京中医药大学市场营销专业毕业生具体就业及发展方向

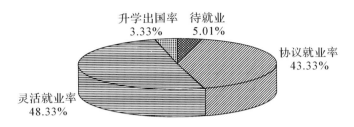

图 6-2 2019 年南京中医药大学市场营销专业毕业生具体就业及发展方向

第三节 市场营销专业考研

一、市场营销专业考研基本情况介绍

市场营销专业介于管理类学科和经济类学科之间。对于市场营销专业的本科生而言,在考研时需要明白的是,如果你对市场营销特别感兴趣,打算继续在研究生阶段学习市场营销的话,首先必须了解该专业的特性。一般来说,以市场营销专业研究生招生的人数不是很多,市场营销作为专业进行硕士生招生的高校也不是很多,也就是说,招收这个专业的院校和录取人数都不太多。根据经验,学习市场营销专业的学生可以考虑一些管理类或者说经济类的专业作为深造的方向。

可以说,凡是经济管理类相关专业都适合报考,如市场营销专业、企业管理专业、工商管理专业、国际贸易专业及经济学相关专业(区域经济、产业经济、国民经济等),除此之外,兴趣广泛的同学还可以结合本专业选择相关的一些专业,主要体现在两个方面:一方面是跨学科的相关专业,如应用心理学专业、社会学专业等;另一方面是跨行业的相关专业,如医药行业市场营销、电影行业市场营销、音乐产品市场营销、房地产行业市场营销等。

1. 市场营销专业培养目标

本专业培养具备管理、经济、法律、市场营销等方面的知识和能力,能在企、事业单位及政府部门从事市场营销与管理以及教学、科研方面工作的工商管理学科高级专门人才。

2. 市场营销专业考研考试科目

公共课：英语和政治。

专业课：数学和专业课综合（每个学校不一样，看报考院校的招生简章）。

3. 市场营销专业考研就业方向

我国市场经济不断完善，市场营销已经渗入各种各样的企业里，不仅是外资企业、民营企业，国有企业也都重视市场营销。人们对市场营销的观念也将有更深的认识，所以对这方面人才的需求将继续看好，并有继续升温的可能。

本专业学生毕业后可在工商、外贸、金融、保险、证券、旅游、房地产等企事业单位从事企业营销管理、客户资源管理、网络营销管理、营销策划、营销诊断、市场调查和咨询等工作。市场营销总监、市场营销经理等高级营销管理人员已被纳入国家紧缺人才管理系统。

二、报考研究生应注意的问题

从专业角度选择学校，还是从学校的角度选择专业？通常来说，考生在考研报名时，首先会选择好学校，其次会选择差点学校的好专业。但是，据有关高校研究生导师建议，考生要把专业选择作为首要的考虑因素。因此在定报考院校时，先选定专业，从专业的角度选择学校。因为研究生教育同本科教育不同，主要侧重于学生的学术科研能力，是向高度专业化的过渡。考生报考时选择的专业可能会在今后的学术研究中产生重大影响，并伴随自己终身。那么，考生到底如何确定报考专业和招生单位呢？我们认为，贯穿整个决策过程始终的是两个关键的要素：考生自身的意愿和条件；完全而充分的信息。这实际上也就是报考的主观和客观条件。

1. 以兴趣定专业

考生在选择专业时，首先要考虑兴趣，自己对什么专业最感兴趣，对什么专业了解最多，对哪方面的研究领域最擅长，以后想从事哪方面工作。兴趣是内在驱动力，是内因，最能调动起考生的主观能动性。即使最后失败了,也算是为自己的追求努力过,从过程中也会得到宝贵的经验。

对所报考专业是否有基础也是考虑因素之一。有些考生报考本科所学专业,而有些实力不俗的考生凭着自己对某些学科的兴趣选择跨学科报考,这些都值得提倡。例如:有些考生本科学汉语言文学专业,但对国际贸易专业感兴趣,经过长期的国际贸易专业学习,最终成功跨专业考研。

2. 选专业看需求

社会需求也是考生在选择专业时要考虑的因素。目前,有些研究生专业虽然社会认可度高,但随着该专业毕业生数量逐年增加,社会需求就会呈现递减趋势,考生毕业后的就业可能会比较困难。所以,考生在选择社会评价较高的专业时,也要考虑社会需求,了解所选专业的社会评价与社会需求是否平衡。

从近几年的报名情况来看,考生多集中于工商管理、计算机应用、法律、企业管理、金融、通信等专业。这些专业的毕业生虽然待遇高、需求大,但社会需求量较前几年明显"缩水"。一些以往不太引人注目的专业,如信用管理专业、资产评估专业等,却悄悄地"火"了起来,社会需求量也在逐步增加。

3. 备考难易程度

不同报考模式复习备考的工作量和难易程度是不同的。

(1) 本专业本校报考:这是考研志愿选择中最为普遍的一种模式,也是成功概率最高的。一般来说,只要专业不错,学校也还可以,多数考生都会自然而然地选择报考本校本专业。

(2) 本专业跨校报考:本专业跨校报考的原因有两个:一是虽然专业不错,但原学校一般,考生想考到一个更好的招生学校去;二是原学校太热门了,考取的把握不大,所以考生选择去竞争相对缓和的学校。本专业跨校报考备考的难度要大一些,因为虽然专业相同,但不同招生学校的专业课程设置和学术科研重点可能差很大;而且招生学校变了,有关的政策、信息也就比较难以及时获得。

(3) 跨专业本校报考:学校不错,但想换个更好或更喜欢的专业的考生可以选择跨专业本校报考。由于隔行如隔山,跨专业报考有较大的难度,且这种难度和专业之间关联度成反比:原专业和报考专业之间的关联度越小,复习和考试的难度就越大。

（4）跨专业跨校报考：对原先的专业和学校都很不满意，决心要开辟全新天地的考生会选择跨专业跨校报考。这种模式备考的工作量和难度最大，不仅面临着大量陌生的专业课程的学习，而且在复习资源、信息渠道等方面均处于不利地位。

4. 自身意愿和条件

（1）考生的专业意愿：一般来说，确定是否换专业主要看考生自己的意愿。许多考生高考时的专业选择并非自己做主，而是家长和老师的一厢情愿；或者经过本科阶段的学习，发现自己并不适合学这个专业，这样考研就成了一个改换门庭、实现自己兴趣和抱负的绝好机会。还有许多考生选择专业时主要考虑将来获得一份更好的工作，这些考生在判断专业前途时，就要目光长远一些，根据社会发展趋势来理性地判断未来一段时间专业的前途，不要盲目跟风。

（2）考生的考研目的：考生考研的主要目的是什么，对选择专业和报考学校影响很大。就应届考生而言，一些考生就读于名校热门专业，"皇帝女儿不愁嫁"，考研的主要目的是获取更好的机会，成则更好，不成亦可；而许多本科专业和学校不理想的考生，则将考研作为人生转折的唯一机会，志在必得。在职考生也存在同样的问题，一部分考生工作很好，考研不过是锦上添花，而另一部分考生则是要通过考研跳出原来的小天地，创造新的人生。从这个角度来看，不论是应届考生还是在职考生，都可以分为两部分：一是以考一个好专业好学校为主要目的，二是只要能考上就行。前者选择专业和报考学校时当然主要看自己的喜好和未来的发展需要，而后者则要更加注意权衡选择，尽量增加成功的概率。

（3）考生的竞争实力：竞争实力很强的考生，自然可以往高处考、往好处报，而竞争实力一般的考生则应注意避开白热化的竞争点，报考稳妥一些的志愿。

三、招收市场营销相关专业硕士研究生的院校分析

1. 我国现有市场营销专业硕士研究生招生的院校（表6-2）

表6-2 我国现有市场营销专业硕士研究生招生的院校情况简表

招生单位名称	所在地	院校特性	研究生院	自划线院校	博士点
(0002)中国人民大学	(11)北京市	985 211	&	&	&
(0173)东北财经大学	(21)辽宁省				&
(0269)华东师范大学	(31)上海市	985 211	&		&
(10272)上海财经大学	(31)上海市	211			&
(10273)上海对外经贸大学	(31)上海市				
(10344)浙江中医药大学	(33)浙江省				&
(10378)安徽财经大学	(34)安徽省				
(0384)厦门大学	(35)福建省	985 211	&	&	&
(10414)江西师范大学	(36)江西省				&
(0484)河南财经政法大学	(41)河南省				
(10486)武汉大学	(42)湖北省	985 211	&	&	&
(10651)西南财经大学	(51)四川省	211			&
(10671)贵州财经大学	(52)贵州省				
(10689)云南财经大学	(53)云南省				&

注：以上数据均来自中国研究生招生信息网(http://yz.chsi.com.cn)，该系统的数据由各招生单位上报，如有疑问请咨询相关招生单位（数据统计截止时间为2014年2月）。

2. 我国现有企业管理专业硕士研究生招生的院校（表6-3）

表6-3 我国现有企业管理专业硕士研究生招生的院校情况简表（部分）

招生单位名称	所在地	院校特性	研究生院	自划线院校	博士点
(10001)北京大学	(11)北京市	985 211	&	&	&
(10002)中国人民大学	(11)北京市	985 211	&	&	&

续表 6-3

招生单位名称	所在地	院校特性	研究生院	自划线院校	博士点
(10004)北京交通大学	(11)北京市	211	&		&
(10006)北京航空航天大学	(11)北京市	985 211	&	&	&
(10008)北京科技大学	(11)北京市	211	&		&
(10011)北京工商大学	(11)北京市				&
(10012)北京服装学院	(11)北京市				
(10016)北京建筑大学	(11)北京市				
(10019)中国农业大学	(11)北京市	985 211	&	&	&
(10022)北京林业大学	(11)北京市	211	&		&
(10027)北京师范大学	(11)北京市	985 211	&	&	&
(10033)中国传媒大学	(11)北京市	211			&
(10034)中央财经大学	(11)北京市	211			&
(10036)对外经济贸易大学	(11)北京市	211			&
(10038)首都经济贸易大学	(11)北京市				&
(10052)中央民族大学	(11)北京市	985 211			&
(10053)中国政法大学	(11)北京市	211			&
(10054)华北电力大学	(11)北京市	211			&
(11413)中国矿业大学(北京)	(11)北京市	211	&		&
(80001)中国科学院大学	(11)北京市				&
(80201)中国社会科学院研究生院	(11)北京市				&
(10247)同济大学	(31)上海市	985 211	&	&	&
(10252)上海理工大学	(31)上海市				&
(10254)上海海事大学	(31)上海市				&
(10255)东华大学	(31)上海市	211			&
(10269)华东师范大学	(31)上海市	985 211	&		&
(10270)上海师范大学	(31)上海市				&
(10271)上海外国语大学	(31)上海市	211			&

续表 6-3

招生单位名称	所在地	院校特性	研究生院	自划线院校	博士点
(10272)上海财经大学	(31)上海市	211			&
(10280)上海大学	(31)上海市	211			&
(87903)上海社会科学院	(31)上海市				&
(10284)南京大学	(32)江苏省	985 211	&	&	&
(10286)东南大学	(32)江苏省	985 211	&	&	&
(10287)南京航空航天大学	(32)江苏省	211	&		&
(10288)南京理工大学	(32)江苏省	211	&		&
(10289)江苏科技大学	(32)江苏省				&
(10290)中国矿业大学	(32)江苏省	211	&		&
(10291)南京工业大学	(32)江苏省				&
(10294)河海大学	(32)江苏省	211	&		&

第四节 相关职业资格认证

纵观当今世界经济的发展,我们不难发现,每一个崛起的商业神话,都意味着独特的营销模式,每一个奔跑的商业巨人,都饱含着营销人的苦涩历程。在今天,营销管理已经成为企业的生命线,中高级营销人才也成为市场最紧俏的商品,动辄数十万甚至几百万的年薪。营销人把持着市场经理、产品经理、策划经理、促销经理、品牌经理、广告经理、公关经理、销售经理等各种关键岗位。所以说,在每一个成功品牌的身上,都承载了营销人独特的印记!同时,随着我国市场经济的发展,对销售与市场营销人员提出了越来越高的要求,为满足社会对该职业向纵深发展的需要,相关部门也开展了对各类营销人才的资格认证。

一、营销师职业资格认证

（一）营销师职业资格认证的简介

营销师是指在各类企业、事业组织市场营销管理活动中从事市场调查、市场预测、商品（产品）市场开发、商品市场投放策划、市场信息管理、价格管理、销售促进、公共关系等专业管理人员，从事市场调研、市场分析、营销策划、市场开拓、直接销售、客户管理等营销活动的人员。劳动和社会保障部于2006年重新颁布了营销师国家职业标准，并确定了该职业营销员职业三个等级：营销员（助理营销师）、营销师、高级营销师，以利于广大从事营销人员的职业生涯发展。

该职业资格认证培训与考试的相关课程主要综合了市场营销学的最新研究成果，形成了清晰的理论体系和框架结构，对当前市场营销学研究的一些薄弱点和市场营销的新动向进行了有益的探索，尤其对电话营销、网络营销等新型营销方式进行了介绍。通过学习本课程，使学生掌握市场的调研方法，包括市场调查、市场定位、市场预测等。能够制定市场营销策略，把握市场需求，建立客户渠道，并能够使用信息化的工具对市场进行拓展和整合。

该职业对从业人员的要求主要包括：职业道德、职业基础知识、市场调查分析、营销策略与营销活动管理、产品与价格管理、渠道管理、促销管理、销售管理及网络营销管理等职业功能领域。该职业资格认证考试一般每年举行两次（6月份和12月份），具体时间见劳动和社会保障部鉴定中心发文。

（二）营销师职业资格鉴定方式

1. 考核内容

（1）知识部分：包括职业道德考核和理论知识考核。

（2）技能部分：包括书面技能考核和论文答辩。

2. 知识部分考核

知识部分考核主要包括单项选择题、多项选择题和判断题共三种题型，总分100分，60分以上为合格。考核形式为书面闭卷标准化考试，时长90分钟，考生在答题卡上作答。

3. 技能部分考核

技能部分考核分为书面技能考核和论文答辩。其中,书面技能考核的考核形式为书面闭卷考试,包括案例选择题、案例分析题、情景模拟(录像测试)题和方案策划题共四种题型。书面考核时长为 120 分钟,总分 100 分,60 分以上为合格。论文答辩包括论文写作与论文答辩(营销师和高级营销师需要论文答辩,助理营销师只需要提交论文即可),考评总分为 100 分,60 分以上为合格。

以上各项考核,总成绩不及格,且仅一项成绩不及格者,其合格成绩保留一年有效,保留期内可自愿申请参加两次补考。只有通过所有考核,才能获得相关证书。

二、数字营销人才认证体系

最近几年在中国商务广告协会数字营销委员会 & 中国商务广告协会中小企业数字化推进委员会的大力支持下,由业界与学界联动发起了数字营销人才认证体系(Digital Marketing Talent Certification,DMT),这是我国第一套针对全国高校在校学生实施、具有集数字营销实战人才培养和考评为一体的权威专业认证体系。

(一)DMT 认证体系的简介

DMT 是顺应国家发展政策倡导与时代意义,由业界与学界联动发起的中国第一套针对全国高校在校学生实施、具有集数字营销实战人才培养和考评为一体的权威专业认证体系,旨在有效改善数字经济从业人才供给、提升数字营销行业实战人才质量、促进数字业务结构性竞争力发展。

不同于其他专业认证,DMT 专注数字营销相关领域,注重专业理论知识与实践能力的学习与培养,强调实践技能的扎实与创新,把学生的综合实战能力成长作为核心诉求。DMT 倡导高校学生在校期间报名参加数字营销相关领域的学科考核,并按照报考学科的考核规定要求,进行数字营销相关领域专业理论知识和实践能力的学习与培养,参加认证考核。

DMT 对参加考核的学生进行公正、客观的数字营销基础实战能力测评,进一步实现在校学习知识体系与数字营销基础实战能力相结合的人才竞争力具备可衡量的评估标准。

（二）DMT 认证体系的考核

DMT 认证的主办单位是虎啸数字商学院学术委员会，指导单位是中国商务广告协会数字营销委员会及中国商务广告协会中小企业数字化推进委员会，在这两大协会的监督下，其认证体系权威、专业且严谨。

DMT 数字营销人才认证体系共推出五门认证学科：《IP 营销》《私域流量运营》《短视频营销》《社会化问答营销》和《视频直播营销》。考核方式采取达标线合格制，共分成两个阶段考试：《理论知识考试》&《实战技能考核》，各占成绩的 40% 和 60%。在认证考核中，第一阶段理论知识考核设定合格分数线是满 70 分才能够进入到第二阶段。

第二阶段实战技能考核则也设了一道分数线，目的是希望能筛选出质量过关的优秀实战命题作品，并将两个阶段的成绩做了一个加总计算后，综合评审成绩达到 80 分才能够代表认证通过。

第七章
市场营销专业学习辅导

第一节　专业名人

一、菲利普·科特勒

在20世纪的国际商学界,最享有盛名的三位大师莫过于彼得·德鲁克、迈克尔·波特和菲利普·科特勒了。有人说,只有这三人,才能算得上真正的大师。三位大师将商学的天下一分为三——德鲁克是现代管理学宗师,波特是产业竞争泰斗,而科特勒则是营销学之父。

出生于1931年的菲利普·科特勒博士是现代营销集大成者,被誉为"现代营销学之父"。多年来,科特勒博士一直致力于营销战略与规划、营销组织、国际市场营销及社会营销的研究,另外科特勒还发展了包括高科技市场营销和城市、地区及国家的竞争优势研究等在内的全新营销理念。他创造的一些概念,如"反向营销"和"社会营销"等,被人们广泛应用和实践;他写的《营销管理》被誉为营销学的圣经;他的许多著作被翻译成20多种语言,被58个国家的营销人士视为营销宝典;他的

《营销管理》是现代营销学的奠基之作,被誉为市场营销学的"圣经",是全球最佳的 50 本商业书籍之一。这本教科书改变了主要以推销、广告和市场研究为主的营销概念,扩充了营销的内涵,并将营销上升为科学。按科特勒的观点,营销建立在经济的、行为的、组织的和数量的各个学科的基础上。

1. 科特勒营销观念的演进

市场营销是一门研究消费者需求进而帮助企业识别并满足消费者需求的一门学科。菲利普·科特勒是营销领域的集大成者,自从 1967 年《营销管理》问世以来,至今已经推出 12 版,这一著作被翻译成 20 多种语言,被 50 多个国家用作市场营销课程的教科书,被称为"营销圣经"。而在新版本推出的过程中,菲利普·科特勒的营销理论也不断得以完善和补充。市场营销理论的发展与完善过程,也正是一个人们重新认识或者反思营销的一面镜子。几十年来,人们对于市场营销是什么、做什么、怎么做的理解和实践也在发生着变化。

关注"关系管理" 从微观角度来看,营销处理的是企业与消费者之间的互动关系,但企业与消费者建立什么样的互动关系才是合理的? 企业要取得市场成功,也离不开其他营销当事人的积极参与和密切合作。虽然在《营销管理》第 6 版(1987 年)中,科特勒就提出了"关系管理"的概念,但只是强调营销者要同顾客、供应商、渠道成员建立长久的信任互利关系。关于关系管理概念的升华,我们可以从科特勒给市场营销所做的定义获得启发。在最开始的时候,市场营销被认为是"在可获利的基础上满足消费者需求"(meeting needs profitably),但是随着竞争越来越激烈,在利润率下降、消费者品牌忠诚度降低和争取新顾客成本越来越高的情况下,企业就必须关注能否与现有消费者和潜在消费者建立一种长期的"双赢"关系。正是在这样的背景下,科特勒对市场营销的理解也逐渐转变为"建立和管理可盈利的顾客关系"(building and managing profitable customer relationships)。

传统的"漏斗理论"所关注的是如何吸引新顾客并与之进行交易。但是消费者人口结构的不断变化,更加复杂多变的竞争者行为和产能过剩造成的压力等,使得企业获得新消费者的难度越来越大。因此,除了争取新顾客之外,更重要的是保持现有客户并与他们建立长期的盈利关系,也就是说,企业应该更加关注现有顾客和潜在顾客的终身价值。遵循这个原则,市场营销也就演变成为"寻找、保持和培育可获利顾客,并与之建立长期的盈利关系的科学与艺术"。抛弃原先狭隘的"交易"定义,把关系管理放在营销的中心位置,可以说是科特勒营销思想的一次突破。因此,将"顾客资产"最大化作为顾客关系管理的目标,通过关系管理实现顾客终生价值的最大化,就成为市场营销所要解决的核心问题。

2. 构建价值网络

简而言之,企业和消费者之间进行交易,是两种价值的交换,也就是说,在交易之后,双方都能够获得比原先价值状况更好的一种状态。这样,企业获得了利润来维持其生存和发展,消费者获得了产品或者服务所带来的效用。但是,这两者之间能否进行交易,如何进行交易?回答这个问题的关键,就是交易双方对于对方所能够提供的价值的衡量和认可,以及能否为此产生交易意愿。那么在营销中对于价值的理解又是怎样的?在科特勒营销思想的发展过程中,价值经历了如下定义路径:①"每一元钱效用的最大化"(1987年);②"消费者对于特定产品满足其需要的能力评估"(1994年);③"顾客所获得的利益总和与所付出的总成本之比"(2000年)。

同时,围绕价值的概念也层出不穷,例如顾客价值、顾客终身价值、价值观念、品牌价值和价值链等,进而将整个营销系统看成是一个价值让渡体系,形成了一个庞大的价值网络。通过将供应商纳入系统形成产品生产或者服务提供的前端价值输出网络,并重视品牌价值的创建和应用,结合渠道成员价值增值链条,关注顾客认知价值和总顾客价值,最终导致顾客终身价值的最大化,使得从供应商、企业、渠道成员到消费者整个价值网络上的相关成员"共赢"。而企业在满足消费者需求的过程中,正是借助于这个价值网络,最终实现价值让渡。

3. 建设品牌资产

品牌是一个名字、称谓、符号或者设计,或者是上述元素的综合。首先,从最朴素的意义上来看,品牌是受到法律保护的商标;其次,如果不能满足市场上消费者的需求,那么品牌就失去了其在经济上存在的意义;又由于它具有"区别性"或者"排他性",因此品牌是能够帮助组织实现经济目标的一种"捷径"。但是品牌不仅仅是某一个名称或者标识,一个强大品牌的真正价值在于其能够"俘获"消费者的偏好和忠诚。在消费者做出购买决策的过程中,如果某一个品牌(事先知晓)能够对于其旗下的产品或者服务向消费者产生或者传递一种正面的、差异化的影响时,那么这个时候我们称之为"品牌资产"。2004年以后,在对营销理论探讨的过程中,科特勒将其对于品牌资产的重视提升到了一个新的高度,他明确指出:一个品牌要获得长久的竞争优势,必须建立强大的品牌资产。

如今,很多企业将品牌资产纳入日常的管理程序中,其根本原因就在于品牌资产能够为企业与消费者之间更加牢固的顾客关系提供强有力的保障。而且,品牌资产其实是由顾客资产(顾客资产可以简单理解为企业所有顾客的终身价值总和)所支撑的。如果销售量或者市场份额能够代表一个企业的昨天和今天,那么品牌资产却预示着未来。只有拥有强大的品牌资产,并且进行准确的品牌定位,才能最终为可盈利顾客关系的建立奠定坚实的基础。

4."紧密连接型"的营销环境

现今,之所以"世界是平的",正是由于社会环境的变化导致了人与人、组织与组织、政府与政府之间的时间和空间距离被大大地拉近了。技术进步、全球化进程加速和社会经济变迁等都引起了市场环境的深刻变化。其中,以互联网为主要支撑的"新经济",使得消费者的生活方式和企业的商业活动发生了"革命性"的变化,最为显著的变化就是"连接"的普遍化和紧密化,例如全球营销和"新经济"对于营销环境变化所产生的深远影响,包括电子商务和网上营销等新兴商业模式的出现,都带来了一个需要价值网络相关者紧密合作的营销环境。

科特勒认为,这些因素一方面促使企业了解消费者,另一方面则为企业满足消费者的相应需求提供了新的渠道,企业与消费者、合作伙伴以及整个世界的近距离接触,都需要企业与其利益相关者建立全新的"紧密连接型"关系。在组织内部,市场营销不仅仅是营销部门的事情,而是要求企业的每一个部门、每一个员工以顾客为中心来开展各种各样的活动;在组织外部,企业不仅要与渠道成员紧密合作,还要将整个供应链条的成员纳入合作伙伴关系管理的范畴之中。也就是说,新型的"紧密连接型"营销关系,不仅要精于顾客关系管理,而且还要善于合作伙伴关系管理。此外,选择并与其他企业形成战略联盟,在某种程度上加强企业的竞争优势或者冲抵一些不利因素,也是"紧密连接型"伙伴关系的表现方式。

5. 反思营销的社会责任

早在 20 世纪 70 年代,一些有识之士对企业的营销活动进行反思,认为企业在开展营销活动时应该肩负社会责任,提出了社会营销观念,要求企业在利润、消费者需求和人类长远福利三者之间做出调整和平衡。1989 年,科特勒在《社会营销》一书中进一步提出,营销与社会和谐共存,需要关注这三者之间的良性互动关系。而且,伴随着经济全球化加速、消费者权益意识的觉醒与提高以及社会对经济可持续发展提出了新的标准,整个社会对营销的社会责任也提出了新的内容。

企业的终极目标是实现利润最大化,这是理所当然的。但是,营销活动在帮助企业获取利润的同时,要想长久地存在于市场环境之中,就不应该仅仅是一个赤裸裸的赚钱机器,而要从"小我"上升到"大我",为整个社会福利的提升做出贡献。营销的社会责任,首先体现在为企业带来经济效益的责任,即经济责任,因为没有这一基础,要实现其他社会责任就无从谈起。其次,营销活动需要遵守法律法规,即法律责任。再次,营销活动还应该遵守社会道德,即道德责任(企业在满足消费需求的时候,能够做到"有选择地"满足。比如吸烟满足了个体消费者的需要,但是损害了吸烟者和"二手烟"吸食者的健康,最终提高了整个社会健康的成本)。最后,营销的社会责任还要求企业肩负起环境保护、弱势群体关怀等人类与自然环境和谐发展的福利责任。强调营销的社会责任,就是在提倡和奉行自然环境、社会经济和人类福利三者之间实现一种可持续发展的营销观念。

遵循营销大师菲利普·科特勒的探求轨迹,我们可以清晰地看到市场营销观念始终处在变化之中,这也充分说明企业的营销活动始终是在动态地发展着的。而市场营销观念无论如何变化,关注消费者、尊重消费者、关注整个社会福利的提高与改善,则始终是一条主线。围绕着这一条主线开展营销活动并持之以恒,企业才能健康而长久地发展。

二、唐·舒尔茨(Don E. Schultz)

唐·舒尔茨博士 1934 年 1 月 20 日出生在美国俄克拉荷马州,世界级营销大师,世界整合营销之父,美国西北大学整合营销传播教授,整合营销传播理论的开创者,Agora 咨询集团总裁,TAGETBASE 营销公司和 TARGETBASE 营销协会的高级合伙人,直效营销杂志的前任编辑,美国国家广告研究基金会整合营销传播委员会的联合主席,还被直效营销教育基金会推选为第一个"年度直效营销教育家"。具有丰富的世界财富五百强企业咨询经历,同时为清华大学 EMBA、长江商学院、英国及澳大利亚大学的客座教授。

在 1997 年加入西北大学之前,唐·舒尔茨是位于达拉斯的 TRACY-LOCKE 广告及公共关系公司的资深副总裁。在欧洲、美国、南美和亚洲都曾就营销、营销传播、广告、销售促进、直接营销、策略创新接受过咨询,发表过演讲,并举行过专题讨论会。舒尔茨还任《直销期刊》的编辑、"美国促销营销协会"主席,并获得"直销教育基金会"第一届"年度最佳直销教育家"的殊荣。

他的著作《整合营销传播》是第一本整合营销传播方面的著述,也是该领域最具权威性的经典著作。书中提出的战略性整合营销传播理论,成为 20 世纪后半世纪最主要的营销理论之一。为此,舒尔茨博士被全球权威的《销售和营销管理》(*Sales and Marketing Management*)杂志推举为"20 世纪全球 80 位对销售和营销最有影响力的人物之一",与现代营销学之父菲利普·科特勒、W.爱德华·戴明、戴尔·卡耐基、亨利·福特、比尔·盖茨和迈克尔·戴尔等著名营销大师和营销天才并列在一起。

(一) 唐·舒尔茨的"4Rs"理论

唐·舒尔茨提出了"4Rs"(关联 relevance、反应 reaction、关系 relationship、回报 reward)营销新理论。具体包括:

1. 与顾客建立关联

在竞争性市场中,顾客具有动态性。顾客忠诚度是变化的,要提高顾客的忠诚度,赢得长期而稳定的市场,重要的营销策略是通过某些有效的方式在业务、需求等方面与顾客建立关联,形成一种互助、互求、互需的关系,把顾客与企业联系在一起,特别是企业对消费品市场营销,更需要靠关联、关系来维系。

2. 提高市场反应速度

在今天的相互影响的市场中,对经营者最重要的是如何站在顾客的角度及时地倾听顾客的希望、渴望和需求,并及时答复和迅速做出反应,满足顾客的需求。当代西方一些企业已从过去推测性商业模式,转移成高度回应需求的商业模式。面对迅速变化的市场,要满足顾客的需求,建立关联关系,企业必须建立快速反应机制,提高反应速度和回应力。这样可最大限度地减少抱怨,稳定客户群,减少客户转移的概率。

3. 关系营销越来越重要

在企业与客户的关系发生了本质性变化的市场环境中,抢占市场的关键已转变为与顾客建立长期而稳固的关系,从管理营销组合变成管理和顾客的互动关系。如此,企业将面临重大转变:

(1) 从交易营销转向关系营销。交易营销,与特定的顾客进行一次性交易,而不是有意发展任何持久的顾客关系。关系营销,致力于发展和强化连续的、持久的顾客关系的长期营销战略。在关系营销中,互动营销是关键。互动营销职能:生产和消费的交接处表示买卖双方的相互作用,其中会出现真实瞬间。由于这些相互作用对市场营销的影响出现在互动过程中,这部分营销称为互动营销职能。

(2) 从着眼于短期利益转向重视长期利益。

(3) 从单一销售转向建立友好合作关系。

(4) 从以产品性能为核心转向以产品或服务给客户带来的利益为核心。

(5) 从不重视客户服务转向高度承诺。

4. 回报是营销的源泉

一方面,追求回报是营销发展的动力;另一方面,回报是维持市场关系的必要条件。

三、卢泰宏

中国营销界泰斗,中山大学国际营销学教授,博士生导师,23课堂培训团高级讲师,中国营销研究中心(CMC)主任;菲利普·科特勒国际营销理论贡献奖中国首位获奖者。擅长领域:营销策略、策划咨询、广告与公关、企业发展整体规划、品牌管理、营销传播与广告等领域。主持国家自然科学基金项目"现代品牌管理理论研究"、国家教委"九五"规划项目"现代品牌资产理论及战略研究"等多项国家科研课题,获国家科委、国家教委、国家新闻出版署多项学术奖励。

被评选为"影响中国营销进程的25位风云人物"(2004);"2001最具影响力的十大风云人物";"中国广告20年20人"(2001)。

曾先后为今日(乐百氏)集团、万家乐(燃具)、科龙集团、TCL销售公司、爱多电器、(香港)招商局集团、(香港)凯撒皮衣、(英国)太古油漆(ICI)、江中制药、中国联通广州公司、山东三株集团、南源永芳集团、南方航空动力集团、深圳润迅通信公司、广东省移动通信总公司、广州宾馆、美的集团、康恩贝集团、广州移动通信公司、华帝集团、长城汽车集团等几十家企业咨询及培训。先后为广州现代国际商务顾问公司、亚太(SRG)市场研究公司、广东白马市场研究公司以及广东省广告公司、天艺广告公司、旭日广告公司、金马广告公司、新境界广告公司、东一广告公司、思源广告公司和中央电视台CCTV、(四川)巴蜀新形象广告公司等进行营销咨询、培训或做专项研究。

四、王永贵

南开大学工商管理博士、香港城市大学管理科学博士(双博士),美国市场学协会会员、美国信息系统协会会员、中国管理研究国际协会会员、中国注册会计师协会会员,加拿大约克大学访问学者、加拿大维多利亚大学访问学者、香港城市大学研究员,第7届和第8届全国青年管理科学与系统科学学术会议特邀专家(2003/2005)(大会主题报告),第二届IEEE系列会议——服务系统与服务管理国际研讨会特约专家并担任两个小组的主持人(Session Chair)。*Academy of Management Journal*,*Management Decisions*,*Journal of Engineering and Technology Management*,*Journal of Business Research*以及《管理科学学报》《南开管理评论》等国内外知名期刊的特约审稿人。

曾任南京大学商学院市场营销系教授、系副主任、学科带头人,现任对外经济贸易大学国际商学院副院长、营销学系教授、博士生导师、学科带头人、国务院特殊津贴专家,中国十佳最受欢迎商学院名师,国家社科基金重大项目首席专家,"百千万工程"国家级人选,国家有突出贡献中青年专家;国家社科基金重大项目主持人及首席专家,教育部新世纪优秀人才支持项目和霍英东青年基金获得者,北京市中青年社科理论人才"百人工程"入选者,美国西北大学凯洛格商学院富布莱特高级访问学者,入选教育部霍英东青年基金计划、教育部新世纪优秀人才支持计划和对外经济贸易大学211工程特殊人才项目，是 Journal of Chinese Entrepreneurship，中国《营销科学学报》，Journal of Technology Management in China，Leadership & Organization Development Journal，Journal of Chinese Marketing，International Journal of Chinese Culture and Management，International Journal of e-Business Management 等国内外学术期刊的创刊主编、副主编或编委，是中国高校市场学研究会常务理事、中国高校市场学研究会学术委员会委员、中国市场学会常务理事、中国市场学会学术委员会委员。

研究领域：市场营销与服务管理、顾客关系与顾客行为、顾客创新与顾客满意。

第二节 专业名著

一、《营销管理》

菲利普·科特勒博士著作众多，许多都被翻译为20多种语言，被58个国家的营销人士视为营销宝典。其中，《营销管理》一书更是被海外学者奉为营销学的"圣经"。他的《营销管理》（Marketing Management：Application，Planning，Implementation and Control，1967年第一版，与凯文·凯勒合著）不断再版，已是第14版，是世界范围内使用最广泛的营销学教科书。该书成为现代营销学的奠基之作，被选为全球最佳的50本商业书籍之一。在大多数学校的MBA项目中，这本著作是市场营销学的核心教材，它改变了主要以推销、广告和市场研究为主的营销概念，扩充了营销的内涵，将营销上升为科学。彼得·德鲁克是敦促管理界重视市场营销的第一人，他曾经表示：市场营销不仅仅是推销术的华丽版本，和创新一样，它是企业最重要的功能之一。中心思想就是企业必须积极地创造并滋养市场。这与科特勒的名言"优秀的企业满足市场杰出的企业创造市场"是一脉相承的。

全书从理解营销管理、洞察市场、密切联系顾客、培育强大的品牌、开发市场供应物、交付价值、沟通价值、成功地实现长期成长八个方面展开阐述。每一章的内容也有了较大调整，加入了更多新概念、新观点，同时更新了相关的案例和补充材料。每章内容包括章前导入、营销视野、营销备忘、教学案例、章末练习几个方面。自1967年科特勒推出第1版的《营销管理》后，历经40年的发展，《营销管理》的理论体系愈加成熟，案例也更加丰富，全书信息量巨大但不庞杂，观点鲜明又力求全面。这些使得本书深得全球各地营销学者和从业人员的信赖，有了"营销圣经"的美誉。

该书是国内引进的最高水平的营销学经典教材。营销需要管理，营销人同样需要《营销管理》，在经济全球化时代，没有管理的营销就是盲目的营销，其结果注定是失败。如何理解营销观念和营销价值，锁定顾客和目标市场，营销组合，关系营销等等，是《营销管理》一书给予我们的最宝贵财富。也许我们正在潜移默化地应用这本书中的理论，但要想在万千营销人中一枝独秀，那么，请不要怀疑权威，不要怀疑科特勒。

二、《混沌时代的管理和营销》

2009年5月，由菲利普·科特勒博士与约翰·卡斯林博士联手推出的新作《混沌时代的管理和营销》在中国正式面世。在《混沌时代的管理和营销》一书中，菲利普·科特勒和约翰·卡斯林进行了耐人寻味的论述：这些混乱的时期并非失常，而是常态的新面孔。这个世界灾难总是降临无准备者，机遇却总是青睐有准备者——那些强有力的、有能力迅速预见并有效应对潜在威胁的企业。通过众多具有启发性的活力四射的企业成功驾驭动荡的实例，以及诸多对降临它们的混乱束手无策而濒临破产企业的惨痛事例，《混沌时代的管理和营销》提出了深度的见解和切实可行的战略，不仅为了度过眼前的经济不景气，也为了在未来的跌宕起伏中取胜。书中预言：世界经济将结束以往优雅的正态曲线的发展节奏，经济危机会在更快更短的时间袭击我们的经济生活。被称为"现代市场营销之父"的菲利普·科特勒和约翰·卡斯林在书中的见解令人关注。

这本书的核心，是极具创新的最大限度地降低脆弱性并利用机会的混沌管理系统，把自己置于竞争对手之前。这些竞争者中的大多数还是抱住旧的恐慌战术：全面裁员、深度价格折扣、大幅度削减营销、品牌和新产品开发的投资。该系统可以帮助您完全重新考虑在经济衰退和其他动荡的条件下如何进行管理和营销，包括如何：

＊建立早期预警系统，以识别发声巨变的第一个信号，包括颠覆性创新和冲击；

＊利用战略构建详尽的最坏情况、最好情况和一般情况的方案，以便有效应对每种情况；

＊在特殊部门（财务、信息技术、制造、采购和人力资源）战略性地削减成本或提高效率；

＊确保您在核心客户群的市场份额，不要削减客户调研和营销的预算；

＊把战略规划缩短到三个月的周期，以便更密切地关注企业脉搏的变化；

＊避免可能出现的放弃核心原则的灾难性后果。

三、舒尔茨系列著作

1.《整合营销传播》

本书第一作者舒尔茨教授被称为整合营销传播之父，现任美国西北大学麦迪尔新闻研究所的广告和整合营销传播学教授。

整合营销新思潮在20世纪90年代开始逐渐取得成功。它提倡针对消费者个人的沟通，而不是强制地向大众市场挺进。它建议建立买卖双方、用户和供应商之间的长期合作关系，强调以质量为驱动的双向沟通，即营销者和客户之间的互动和共同获益。它强调客户满意度，而不是产量和市场份额。本书指出，一切都是可衡量的。未来的营销者不应再使用模糊的概念如知名度、偏好度去衡量传播的成功与否，而应注重营销传播投资的现金回报。

那到底什么是整合营销传播？它是把诸如广告、公共关系、促销、消费者购买行为、员工沟通等等我们曾经单独看待的因素看成是一个整体。整合营销传播重新组合传播方法，使消费者从不同信息来源看到同一信息。职业传播人员一直为了取悦消费者，把所有的因素称为"广告"或者"公共关系"。现在，他们认识到那都是一个整体——一个消费者看到或听到的整体。整合营销传播认为消费者是否购买取决于他看到的、听到的和他们感觉到的等等,而不再是营销者的产品或者服务。这意味着营销者要鼓励消费者回应,而不再是唱独角戏。同时意味着传播绩效可度量,而不再是读者评价或者记忆,绩效注重投资回报,而不是花费预算。整合营销传播十分令人激动,并正在发挥着其应有的作用。如同代理商、媒体和客户所认识到的一样,整合营销传播是不可回避的。

本书全面颠覆传统的营销理论,指出"4P"(产品、价格、渠道和促销)理论已经是明日黄花,新的营销世界已经转向"4C"(消费者、成本、便捷、传播)。本书分析了市场的发展趋势,告诉我们如何在新市场规则下取得成功。正如理查德·费兹戴乐所说,该书所提倡的理论"是革命性的、是无法否认的、是可执行的"。

本书的可贵之处还体现在它结合翔实的案例,介绍了整合营销传播战略实施的方法,分析了容易遇到的问题,并提供了解决问题的方法。从事营销的专业人员可以迅速吸收利用本书的理论和方法,显著提升营销水平,提高公司的赢利能力。

作为最早对整合营销传播进行系统的理论阐述的学者和整合营销传播最积极的推动者,舒尔茨教授在中国的影响力越来越大。在营销领域内,影响最大的专题之一就是唐·舒尔茨的整合营销传播。

2.《全球整合营销传播》(IMC)

《全球整合营销传播》的重点是为销售商和营销组织分析其所要达到的目标。本书也就中国公司提高其营销传播水平进行了简要回顾和前景预测。本书还描绘了中国公司研发其营销传播活动模式的蓝图:不仅仅应是"世界级的",而且也应是"举世无双的"。世界经济大变革,中国企业已经逐步实现全球化,全球传播的需求已经提上日程。本书将成为中国营销和中国的营销专业人士拥有全球化视野的桥梁,使之能够超越其国内市场而在世界经济舞台上扮演越来越重要的角色。

整合营销传播(IMC)的核心思想是将与企业进行市场营销所有关的一切传播活动一元化。整合营销传播一方面把广告、促销、公关、直销、CI、包装、新闻媒体等一切传播活动都涵盖到营销活动的范围之内,另一方面则使企业能够将统一的传播资讯传达给消费者。所以,整合营销传播也被称为Speak With One Voice(用一个声音说话),即营销传播的一元化策略。

在信息爆炸的时代,大众对信息的接受模式是:遗忘和过滤 99%,只能记住 1%。企业自以为通过广告、软文、图片、研究报告等手段告诉了大众一个完整产品的信息,而这只是一厢情愿。大众在超量的信息刺激之下,对产品的印象是零散而模糊的,所以企业要把各种传播手段加以整合,使大众头脑中一个个"零散的 1%"最终能在头脑中凑成企业想要的 99%。营销以由"4P"(产品、价格、渠道和促销)到"4C"(客户、成本、便捷和传播)转变,在媒体和信息爆炸时代,企业品牌建设需要来一场革命性的变化,本书作者唐·E. 舒尔茨教授提出的"整合营销传播"(IMC)使企业可以把自己的品牌进行整合传播。

另一方面,绝大多数企业也面临着一个同样的挑战,就是如何转变传统的营销职能及其运营手段,使之适应于 21 世纪和全球化市场的新纪元。怎样从国内级、甚至国际级的营销和传播的流程和方案,转向全球化视角的营销传播,即能够以客户为导向、充分利用新兴技术的全球化营销传播。对于专业的广告传播公司来说,向客户提供世界范围的整合营销服务的能力也显得至关重要。只有那些能将产品和服务的品牌全球化的企业和组织,才能在市场中愈来愈强。

《全球整合营销传播》是第一本从全球性角度深入探讨整合营销传播(IMC)的著作。其主要内容包括 21 世纪的市场转型、全球化市场中整合营销传播的作用,全球整合营销传播(IGMC)战略及其方案的制定和实施、IGMC 的价值测度、IGMC 方案所能够克服的障碍等。

3.《整合营销传播:创造企业价值的五大关键步骤》

本书是继《整合营销传播》《全球整合营销传播》(IGMC)之后第三部里程碑式的 IMC 最新经典权威著作,舒尔茨博士夫妇已为 IMC 理论的发展和完善指明了前进的方向,更为 IMC 方案的执行和评估奠定了坚实的基础。本书最重要的价值之一就是通过探讨和诠释 IMC,在全球首次将 IMC 与企业价值创造联系起来,有力地证实了 IMC 不仅仅是当今企业营销传播活动的革命性创新工具,更是能够在企业战略管理层面实现客户投资回报评估、创造股东价值等的价值管理工具。

4.《新整合营销》

当整合营销传播在中国的实践中越来越困难重重时,舒尔茨博士不失时机地推出了《新整合营销》。如果说整合营销是专门用来解决大企业病的工具,那么新整合营销带来了什么呢？整合营销已经非常犀利,迎合大众,整合的结果是全员皆兵,但效率提升仍然不够,于是《新整合营销》带来了新变化:对整合进行整合。如果整合的结果还是资源分散、效率低下、利润率得不到提高,那么,"整合"的意义又在哪里？这样一看,"整合"作为一个工具,那就是还没有闪耀光芒就已经生锈了。这就是《新整合营销》诞生的原因:旧整合已经落伍。

《新整合营销》是市场营销领域备受专家推崇的里程碑式专著。全球著名的4A广告公司李奥贝纳广告公司主席兼CEO理查德·费兹戴乐(Richard Fizdale)隆重推荐并作序。他认为,"这将是你读过的最重要的一本市场营销学专著!"

四、《消费者行为学》第12版(中国版)

本书是消费者行为学领域的经典著作,也是将消费者行为学领域的国际前沿理论与中国本土实践相结合的开创性著作。

第12版进行了大幅修订和更新,以网络消费社会环境为背景,充分讨论了信息技术和网络技术对消费者行为的影响,更加注重伦理、政策导向和消费者权益保护,也扩展了对消费者个性心理和社会心理的讨论,内容更加丰富有趣:

* 关注社交媒体以及数字技术对消费者行为的影响。

* 广泛涉及的重要话题,如大数据、数字自我、游戏化、情境对购买决策的影响等。

* 新增"学术观点"专栏,呈现众多研究者的研究成果,为读者提供新的视角甚至新的研究方向。

* 沿袭补充并突出关于中国消费者行为的知识和案例的特色,增加对影响中国消费者的文化、社会等特殊因素的重视,从而在中国营销理论研究和实践应用中提高对中国文化的自觉和自信。

五、《定位》

本书作者艾·里斯(Al Ries)是全球顶尖营销战略家,先后代表定位理论被美国权威媒体评选为"全球十大商业大师",并入选美国营销协会评选的"营销名人堂"。杰克·特劳特(Jack Trout)是定位理论创始人,被誉为"定位之父",于1969年在美国《工业营销》杂志上发表论文《定位:同质化时代的竞争之道》,首次提出商业中的"定位"观念,开创了定位理论,并在40多年的实战中致力于定位理论的不断发展与完善。1981年,出版学术专著《定位》;1996年,推出了定位理论刷新之作《新定位》;2001年,定位理论被美国营销学会评为"有史以来对美国营销影响最大的观念";2009年,再次推出了定位理论新作《重新定位》。

《定位》是营销人、广告人、策划人的必读之书。定位是策略表现,同时也是广告表现。《定位》给人的收获更多体现在"诱导"层面而不是"教导"层面。《定位》就是寻求一个策略支点,在极致发散的同时,也集中到"点"的突破。《定位》更多的是指引一种方向,企业或者品牌只要做对了方向性的决策,形成方向性差异化,就可以赢面大增。但我们也不能忽略它的缺陷,当企业或者品牌过分去追求差异化,忽略消费环境,忽视外力作用,很可能就会陷入死胡同。

六、《世界上最伟大的推销员》

作为一名优秀的营销人,过硬的心理素质是不可缺少的。这种素质,包括心理承受能力调整、心理反应能力调整、心理与行为调整等一系列不可或缺的自我素质培养。而这种过程不是一种先期的课程或者通过想象就可以完成的,需要的是一种不断的自我激励过程。

奥格·曼狄诺的这本书便是备受营销人推崇的自我激励书籍。这是一本在全世界范围内影响巨大的书,适合任何阶层的人阅读。它振奋人心,激励斗志,改变了许多人的命运……本书一经问世,英文版销量当年突破100万,迅速被译成18种文字,每年销量有增无减。

该书记载了一则感人肺腑的传奇故事。一个名叫海菲的牧童,从他的主人那里幸运地得到十道神秘的羊皮卷,遵循卷中的原则,他执着创业,最终成为一名伟大的推销员,建立起了一座浩大的商业王国。相信任何一种境况下的营销人只要看了这位传奇人物的故事,就一定不会为困境所吓倒,而是迎难而上。这种外在的英雄式激励转变了一批批雄心勃勃的中国营销人。

第三节　专业名刊

1. 《销售与市场》

《销售与市场》杂志创刊于 1994 年,是中国内地第一家大型营销专业期刊。秉承"专业性、实战性、权威性、国际性"的办刊理念及"反映中国营销主流,引领中国营销潮流,见证并推动中国营销进步"的办刊宗旨,创刊以来,以全球化视野,关注中国市场发展趋势,致力于为中国企业指引方向,提供最先进的营销理念与实务方法工具,不断提炼实战案例,坚持执着专业研究,成为中国内地财经领域营销媒体的一面旗帜,被业内誉为"中国营销第一刊"。

2. 《销售和管理》

《销售和管理》杂志是国内第一份传播最新营销观念、刊载最新营销实战案例的经管类大型期刊。本刊具有以下特点:市场流通周期长;发行渠道畅通,市场覆盖面广;外部资源丰富,与同行业媒体、各行业协会、咨询调研研究、企划等机构有良好的合作;定位准确,内文精耕细作。

3. 《成功营销》

《成功营销》杂志创刊于 2000 年,隶属于香港上市公司财讯传媒集团(SEEC)。该杂志是一本以独特的前瞻性和全球视野关注企业的品牌成长与营销创新的高端营销管理类期刊,是营销新平台、营销新案例、营销新趋势的"发现者"和"传播者",是影响企业营销决策的知识读本。

4. 《商界》

《商界》杂志自 1994 年创刊以来,目前已成长为全国发行量最大的商业财经杂志,在世界财经类杂志排名中亦名列前 30 位,并被众多国内同行竞相跟踪模仿。

《商界》杂志是一本在社会主义市场经济大潮中成长起来的,以倡导优秀商业文化和创业精神为特色,以"报道商界动态形势,揭示商界深层问题,汇集商界经营之道,反映商界丰富人生"为宗旨的商业财经月刊。《商界》杂志以广大中小生意人、企业经营者以及企业各层级员工在市场经济活动中成功的方法、失败的教训、有益的经验、规范的操作、生活的甘苦等为主要内容,文章以纪实和故事两种风格为主,坚持通俗性、可读性为前提,观念前卫脱俗,文风生动洗练。

5.《广告人》

《广告人》正式创刊于1989年,由中国广告协会报纸委员会、中国广告协会电视委员会、天津市广告协会共同主办,具有深厚的办刊背景及强大的资源平台,十几年来,业已成为中国广告业中极具影响力和竞争力的专业刊物。《广告人》杜绝广告圈内的"自娱自乐",深度介入广告主资源,秉承"大广告"理念,从广告主、广告代理商、广告投放媒体三方角度看待广告问题,为读者传递广告业不同领域的专业信息,立足于推动广告理论和实务发展的同时,关注广告从业人员的生存状态。

6.《营销中国》(系列年鉴),卢泰宏,中国营销研究中心

卢泰宏教授做过的影响最大的事,就是他亲自参与撰写的《营销中国》系列丛书。该丛书现已成为在中国从事营销工作的人最重要的指南之一。这一丛书"以广阔的视角检视了中国国内大型企业及跨国集团的营销实践……提供了在中国成功进行营销提升业务的一把必要的钥匙"。

卢泰宏教授在《营销中国》丛书中描画出中国营销的整个历程,对中国营销现状做出了全景式的阐述。他的这项工作在一定程度上还为中国营销与世界营销之间架起了一个桥梁,这一丛书已被翻译成日文在日本出版,并且在台湾和香港也已出版,产生了巨大影响。

第四节 专业相关网站

1. http://www.cmscmc.org 中国营销网

中国营销网是中国营销学会的官方网站。中国营销学会前身为深圳市

营销学会,成立于1989年3月,1999年3月在香港特别行政区政府登记注册,是我国第一家非营利性全国营销行业学术社团组织。学会的宗旨是立足中国市场经济,组织我国从事市场营销研究、教学、管理的专家、学者和企业营销经理,广泛开展市场调查、总结推广营销管理的先进经验和研究成果,通过市场营销管理创新模式,常年为地方各级政府发展经济社会提供立体、复合、全方位的超值服务,全体会员始终坚持诚信、专业、服务、创新的营销文化和人生价值观,面向社会、服务企业,努力将学会办成学习型、服务型、创新型的社会团体。

2. http://www.cmmo.cn《销售与市场》网

《销售与市场》网是《销售与市场》杂志社旗下官方网站,是服务于中国营销人学习与成长需要的综合社区服务平台。第一营销网秉承"以人为本"的宗旨,坚持"开放式建网"的理念,提倡营销人协同建设、共铸智业;中国8 000万营销人能在这里共同学习、共同分享、共同协作、共同创业、共同成长!

3. http://www.emkt.com.cn营销传播网

营销传播网由深圳市麦肯特企业顾问有限公司建立并运营,于2000年7月开通,是国内最早建立、最为知名的营销与管理综合网站。网站以传播国内、国际经典营销理念、最新营销动态为己任,致力于打造服务于"5 000万中国营销人"的网络平台。网站采用了当今最为先进的网络技术,整合了国内外一流的营销资源,开设了"营销文库""营销动态""营销社区""营销知识库""培训和咨询信息"等多项相对独立、相互依托、动态交流的频道,从而形成了一个国内领先的营销类权威网站。

4. http://www.vmc.com.cn南方略营销咨询公司官网

深圳市南方略营销管理咨询有限公司(简称南方略公司)所创办的专业网站。南方略公司是亚洲第一家获准加入AMCF全球管理顾问公司协会(Associate of Management Consulting Firm)的重要成员之一。南方略公司以"营销管理专家"身份全方位、多角度介入市场营销领域,将"创新的理念、科学的方法、厚实的经验、严谨的作风"贯穿于为每个客户创造价值的过程中;以市场分析力、市场创造力、市场管理力为手段,致力于攻克企业营销症疾,使企业自身产生"在新模式下系统思考、系统设计、系统管理"的造血功能,以低成本、高效率全面提升和改善企业营销管理水平,从而创佳绩,树品牌,增效益,确保企业健康和持续发展。公司提供的咨询内容包括:市场调研、企业内部诊断、营销战略规划、营销组合策略、产品线规划、新产品策划与上市推广、渠道规划与经销商管理、终端建设与管理、品牌规划、整合营销传播、品牌活化、品牌形象设计、招商、工业品营销模式设计、大客户营销策略、营销人力资源管理(招聘培训、薪酬激励、绩效考核)、连锁经营全程策划、客户关系管理、业务流程设计、样板市场打造、企业 CIS 导入、广告及培训等。

5. http://www.xiaoshou.cn/销售网

销售网是中国最大的专业销售人员的交流平台,其主要是销售技巧介绍、销售经验交流、销售案例分析、销售资源共享、销售人员培训、销售管理分析、销售人员在线交友、产品发布等一体化的综合性职业交流平台。销售网秉承"让销售员更强"的服务理念,全程为销售人员和企业 CEO 提供人性化、全方位服务,努力为伙伴创造全面、轻松和愉悦的交流平台;不断丰富网站栏目内容,最大化地满足伙伴们日趋多样的工作需求。

6. http://www.vmarketing.cn《成功营销》网

成功营销网是《成功营销》杂志官方网站。《成功营销》隶属于香港上市公司财讯传媒集团(SEEC Media Group Limited)。集团拥有的跨行业资源、品牌和人脉积累以及庞大的高端客户数据库以及良好的国际合作背景是《成功营销》确立"全球视野 整合营销"理念的坚实基础。

7. http://www.wm23.com 网络营销教学网站

网络营销教学网站创建于 2004 年,定位于网络营销教学研究实践与知识分享,提供网络营销教材及网络营销课件下载,网络营销论文资料,网络营销词典词条,大学生网络营销能力秀网站运营管理等。

>>>>>>附录
国内高校本科人才培养方案概况

专业人才培养方案作为高校人才培养的总体设计和实施方案,是学校落实办学理念、实现人才培养目标、提高人才培养质量的重要保证,对学生个性发展、学校未来发展以及社会综合发展起着关键性的作用。近年来,我国高校不断对其人才培养方案进行了改革和优化,以适应我国经济的迅速发展和社会对人才需求的快速变化,在这过程中取得了不少实质性的突破。现阶段不同高校培养方案的成果,为我们做好培养方案制订与修订工作提供了有效的借鉴。

一、国内高校本科培养方案简介

根据现有国内几大主流高校培养方案具体内容,如上海复旦大学、上海同济大学、南京大学等,与本专业现有的培养方案设计对比,从课程模块设计、各部分所占比重设定,以及每部分模块涵盖的内容等方面进行了对比与分析,大致情况如下:

(一)课程模块及内容设置

现阶段培养方案课程模块设置主要包括通识教育课程、专业教育课程和实践教育课程三块(高校间各部分具体名称会有差异)。其中通识教育课程主要包括马列课、德育课及文化素质教育类课程、体育、大学英语、高等数学、军事课程等;专业教育课程模块内容也围绕各专业特点,将课程性质大致划分为专业基础课(必修)、专业核心课(必修)和专业模块课(选修),具体课程内容则由各学院负责设置和实施。实践类课程模块近几年受到各大高校重视,内容也不断得到改革和积极优化。传统的实践类课程包括必修实验课程,以及实习、军训、毕业论文、课程设计等,而越来越多的高校为了提升理论与实践相结合的水平,提高学生的就业竞争力,在这一模块中做出了许多创新,积极与大学生创新创业相结合,加入了创新能力拓展项目,如各类大学生创新性实验计划、到企事业单位实习、参加公益活动、进行专题社会调查等。

(二)课程学分比重设置

围绕现有的基础模块,各高校对于各个部分的学分比重设计均有所差异。总体上,通识类课程教育模块总学分一般占各学校总学分的三分之一,也有个别学校该部分占总值比例较低,大部分学分主要集中于专业类课程模块。另外,各高校对培养方案中的实践类课程部分学分的提高成为近几年的大趋势。这也体现了中国高等教育改革过程中,高校的侧重点不仅重视培养学生对知识的探究,更注重对学生能力的建设和人格的养成。

(三)基于传统课程模块的创新

在原有几个传统课程模块的基础上,为了凸显专业的特色以及学校发展的侧重,多所学校进行了课程模块上的创新和探索。多所高校允许学生在学分设定指导下,不按课程组跨学科和专业选修,如上海同济大学、南京大学。同时,给予学生更精准的指导性修读计划指导,上海复旦大学在这一项改革中走在全国高校的前列。

附录-1 国内几大高校人才课程设置概况

高校课程设置模块概况			
1. 南京大学			
课程模块	通识通修课程	学科专业课程	开放选修课程模块
所占分值	52~66 分	38~45 分	31~52 分
内容	包括通识教育课程、思想政治理论课程、军事课程、分层次通修课程	包括学科平台课程和专业核心课程	包括专业选修课程、跨专业选修课程、公共选修课程和第二课堂

续表附录-1

高校课程设置模块概况				
2. 复旦大学				
课程模块	通识教育课程	文理基础课程	专业教育课程	
所占分值	40～50分	20～30分	由学院负责设置	
内容	包括通识教育核心课、专项教育课程以及通识教育选修课程(学分由各学院自定)	由各学院按照专业内容设置	包含指导性修读计划	
3. 上海交通大学				
课程模块	通识教育课程	专业教育课程	实践教育课程	个性化教育课程
所占分值	45～50分	90～100分	40～45分	20分
内容	包括公共课程、通识教育核心课程和通识教育实践活动	专业基础课(必修)、专业核心课(必修)和专业模块课(选修)组成	包括必修实验课程,以及实习、军训、毕业论文、课程设计等	大学四年内修满
4. 东南大学				
课程模块	通识教育基础课	大类学科基础课	专业主干课	专业及跨学科选修课	集中实践
所占分值	30～60分	20～30分	20～30分	10～20分	20～45分
内容	包括马列课、德育课及文化素质教育类课程、体育、大学英语、高等数学等	专业基础课(必修);具体课程内容由专业及所属学科而定	各专业根据专业类进行设置	本专业选修课程及非公共课的其他院系专业的选修或必修课程	包括课内实践与课外实践

数据来源:根据各高校官网数据整理。

二、培养方案制订原则与特点

(一)课程与教学内容不断创新和改革

培养方案是保证人才培养质量的前提,然而实现人才培养目标的任务最终将落实到课程上。课程与教学内容的改革是各高校培养方案制订与修订的重要内容之一。如上海交通大学设置了交叉学科课程,类似数学物理课程,课程内容并非简单的拼接,而是由数学物理方面的专家对课程进行设计和讲授,此类课程的实施为培养交叉学科、复合型人才奠定了基础。又如,南京大学通识教育课程开设了新生研讨课,由高水平教授讲授专业知识、学科前沿,在授课形式上突出了主动参与、启发研究和充分交流,注重培养学生通过团队合作体验学术活动的一般过程,在实践中形成科学的思维方式,受到新生的广泛欢迎。

(二) 重视人才培养模式的"三位一体"

"三位一体"即"知识、能力、人格"三方面内容在人才培养模式制订中的统一。在制订培养方案时,不仅要强调重视培养学生对知识的探究,更要注重对学生能力的建设和人格的养成。制订具体内容过程中,各专业细化人才培养在知识、能力、人格三个方面的具体目标和要求,即培养标准,根据培养标准设置相应的课程,落实相应专业人才培养应该具备的知识、能力与人格。方案的制订体现了由粗到细、由设想到具体实现的理念。如上海交通大学确定"知识、能力、人格"三位一体的人才培养理念之后,各专业细化培养目标,邀请专家通过调查研究,制订各专业的"人才培养目标体系分析报告",然后具体设计课程体系、教学内容、教学方法手段和教学活动,实现"知识、能力和素质"指标和课程体系的映射。

(三) 为学生提供个性化培养方案

近年来各高校在分析研究国际一流大学的人才培养方案的基础上,制订出各具特色、突出学生个性化培养的人才培养方案,为学生提供更广泛的自主选择空间。例如南京大学推出的"三三制"人才培养模式改革,即三阶段培养、三条发展路径,在大类培养阶段完成后给予学生充分的自主选择权,学校通过设置专业准入标准(学生分流到某专业的最低先修课程要求)和专业准出标准(学生从分流专业获得学士学位的最低学科专业课程要求),按照各自的"多元培养分流机制",来完成专业分流,在准入与准出的前提下,学生根据院系分流培养机制自主选择个性化课程模块,在完成所有应修学分并满足其他专业条件后准予毕业。南京大学这种以个性化培养、自主性选择、多样化发展为特征的人才培养模式,将传统刚性的培养模式变革为可订制的自主学习模式,为学生提供了广泛的自主选择空间,更能激发学生的学习能动性,同时也融入了多元交叉培养的理念。

(四)优化通识教育课程的多样性

从现阶段中国大部分高校的培养方案中可以看出,课程的设置已不再是专业课程一统天下的局面,越来越多的学校发现了通识教育的价值,因此许多高校设置了较大比重的通识教育课程,其目的是要使学生获得具有普遍的知识、技能和思考习惯,具有全方位的知识、开拓的视野,这体现了素质教育的理念。如上海复旦大学通识教育课程涵盖了文学文化、哲学智慧、历史研究、艺术创作、科技进步、社会分析等多个领域,各领域的课程内容也很丰富。除必修环节的通识教育核心课程 24 学分和专项教育课程的 18 学分以外,通识教育选修课程分为 4 个大类,课程数量更是有 400 门之多,为学生提供了广阔的知识空间。

三、总结

随着社会、经济的不断发展,在用人单位对人才需求的驱动下,国内各高校对专业人才培养方案都做了较大的调整。未来,我国高校的人才培养模式将会更加灵活、更加注重通识教育、能力教育和个性化教育,课程设置及内容积极引进国外大学的先进教育理念,与国际高水平教育接轨,为培养出高素质、具有较强社会生存能力和具有国际视野的人才打下坚实的基础。

参考文献

[1] 邵进,刘云飞.中美高校本科课程体系的比较研究——以南京大学"本科人才培养方案国际化比较研究项目"为基础[J].中国大学教学,2015(09):19-23.

[2] 王文宏.基于利益相关者理论的高校人才培养方案制订机制研究[J].教育教学论坛,2019(38):224-225.

[3] 袁靖宇.高校人才培养方案修订的若干问题[J].中国高教研究,2019(02):6-9.

[4] 郭利平.我国高校通识课教育改革与实践探索[J].教育现代化,2016,3(08):259-261,264.

[5] 百度百科.市场经营策略[EB/OL].http://baike.baidu.com/

[6] Gregory T, Gundlach, et al. The American Marketing Association's New Definition of Marketing:Perspective and commentary on the 2007 revision[J]. Journal of Public Policy&Marketing,2009,28:259-264.

[7] 菲利普·科特勒.营销管理[M].10版.北京:中国人民大学出版社,2001.

[8] 小威廉·D.佩勒尔特,E.杰罗姆·麦卡锡.市场营销学基础:全球管理视角(英文版·原书第14版)[M].北京:机械工业出版社,2002.

[9] 百度百科.市场营销[EB/OL].http://baike.baidu.com/

[10] 杨志勇.营销学科图谱:基于科学计量与可视化技术的营

销研究分析[D].上海:东华大学博士学位论文,2011.
[11] 梁文玲.市场营销学[M].北京:中国人民大学出版社,2010.
[12] 中国人民大学商学院本科. http://www.rmbs.ruc.edu.cn/list-24-1.html
[13] 南京大学商学院. http://nubs.njv.edu.cn.
[14] 北京工商大学商学院市场营销专业. http://sxy.bbu.edu.cn/rcpy/bks/51931.htm.
[15] 李轶. LD公司液态奶东北三省市场营销策略研究[D].哈尔滨:哈尔滨工程大学,2007.
[16] 石雅莉.客户价值主张及其应用研究[D].青岛:中国海洋大学,2008.
[17] 罗承铮.传统影像业营销模式的困境和对策研究[D].重庆:西南财经大学,2004.
[18] 高艳玲,李虹,裴瑞敏,等.教育科研团队互动氛围对个体创新能力的中介影响机制研究[J].军事医学,2012(36):12.
[19] 李会太,何青,张文杰.美国市场营销发展的七次浪潮[J].经济管理,2002(5):85-87.
[20] 周彦平. XGM市场营销策略研究[D].天津:天津工业大学,2008.
[21] 张建红.青岛啤酒营销策略研究[J].理财杂志,2008(9):64-66.
[22] 李建民.农村信用社市场营销研究[J].农村经济与科技,2011,22(3):24,89.
[23] 廖成林.虚拟营销组织构建及其运行管理问题研究[D].重庆:重庆大学,2008.
[24] 欧晓华,王慧.企业市场营销活动的项目化管理研究[J].管理工程学报,2005(1):135-137.
[25] 安中原.高职类医药营销专业课程体系设置的分析探讨[J].科教导刊,2012(5):103-104.
[26] 詹庆颖,安中原.我院医药营销专业课程设置的调查报告

[J].科教导刊(中旬刊),2013(1):246-247.

[27] 季骅,高民.高等医药院校市场营销专业培养模式改善研究[J].医学与社会,2011,24(1):100-102.

[28] 杨娜.应用型本科高校市场营销专业实践教学体系的改革与实践——以辽宁对外经贸学院市场营销专业建设为例[J].黑龙江教育(高教研究与评估),2013,10:61-63.

[29] 宫春博.高等医药院校市场营销专业实践教学体系的探索[J].西北医学教育,2013,21(2):239-241.

[30] 陈丹丹,华东,任娟.高等中医药院校营销人才培养思考[J].品牌,2011(5):58-59.

[31] 聂绍芳.经管专业多样化人才培养的研究与实践——以市场营销专业为改革试点[J].经济研究导刊,2013(13):114-116.

[32] 孙刚.医药市场营销专业课程体系建设的思考[J].社区医学杂志,2011(13):57-58.

[33] 周文根.市场营销专业课程体系与课程开发研究[J].中国高教研究,2011(3):12-93.

[34] 俞瑞钊,高振强.以就业为导向的高职课程体系构建之实践与探索[J].中国高教研究,2007(5):41-44.

[35] 孔祥金.医药营销专业课程体系的构建与评价[J].医学教育探索,2009(12):1488-1490.

[36] 王杰芳.营销专业跨学科创新型人才培养模式的构建[J].河南科技学院学报,2012(8):110-112.

[37] 张梦霞.中国商学院营销专业本科课程体系创新研究[J].首都经贸大学学报,2011(3):119-122.

[38] 朱民田,等.论医药市场营销专业学生毕业实习的价值[J].辽宁中医药大学学报,2011(2):84-85.

[39] 任建萍.医药市场营销专业培养方案调查比较研究[J].健康研究,2011(3):236-238.

[40] 李开复.与未来同行[M].北京:人民出版社,2006.

[41] 汤少梁.医药市场营销学[M].北京:科学出版社,2007.

[42] 魏龙,黄汉民.国际经济与贸易专业导论[M].武汉:武汉理工大学出版社,2011.

[43] 王叙红.市场营销专业课程设置的问题与对策[J].教育探索,2009(04):20-21.

[44] 陈伟.市场营销专业人才能力培养教学改革的研究[J].黑龙江高教研究,2005(4):147-148.

[45] 洪燕云.市场营销专业课程教学方法改革的探索与研究[J].江苏技术师范学院学报,2006,12(3):54-58.

[46] 雷大章.关于完善市场营销专业实践教学体系的思考[J].西南科技大学学报(哲学社会科学版),2007,24(2):57-60.

[47] 杜长冲.试论大学学习特点及学生自主学习能力的培养[J].科技信息,2012(36):467-468.

[48] 许洁虹.基于能力导向的市场营销专业实践教学体系的构建[J].教育与职业,2012(18):155-156.

[49] 南京中医药大学市场营销专业2013版人才培养方案.南京中医药大学,2013.

[50] http://www.zgdhxs.com.

[51] http://www.saibo.org.

[52] http://www.cmscmc.Org.

[53] http://www.vmarketing.cn.

[54] http://www.xiaosliou.cn.

[55] http://www.vmc.com.cn.

[56] http://www.emktcom.cn.

[57] http://www.cmmo.cn.

[58] http://www.anliku.com.

[59] http://www.cmscmc.org.

[60] http://www.vmarketing.cn.

[61] http://www.xiaoshou.cn.

[62] http://www.vmc.com.cn.

[63] http://www.emkt.com.cn.

[64] http://www.cmmo.cn.

[65] http://baike.baidu.com/.

[66] http://www.baidu.com/?ie=utf-8&fr=bks0000.

[67] http://zhidao.baidu.com/.

[68] https://wenku.baidu.com/view/b14c7cf8aef8941ea76e054e.

[69] 李飞.中国营销科学30年发展历史回顾[J].市场营销导刊,2009,(2):4-15.

[70] 包政.营销的本质[M].北京:机械工业出版社,2015.

[71] 菲利普·科特勒,凯文·莱恩·凯勒.营销管理[M].上海:格致出版社,2016.

[72] 郭国庆,刘凤军,王晓东.市场营销理论[M].中国人民大学出版社,1999.

[73] 郭国庆.营销理论发展史[M].北京:中国人民大学出版社,2009.

[74] 卢泰宏.营销管理演进综述[J].外国经济与管理,2008,30(1):39-45.

[75] 王永贵.顾客资源管理:资产、关系、价值和知识[M].北京:北京大学出版社,2005.

[76] 夏春玉,丁涛.营销学的学科渊源与发展:基于思想史视角的探讨[J].当代经济科学,2013,35(1):103-128.

[77] 杨志勇.营销学科图谱:基于科学计量与可视化技术的营销研究分析[D].上海:东华大学,2011.

[78] 郑锐洪西方营销百年理论发展重心的转移及启示[J].当代经济管理,2012,34(1):7-14.

[79] Bartels R. The History of Marketing Thought[M]. 2nd ed Columbus:Grid Publishing,1976.

[80] Bartels R. The History of Marketing Thought[M]. 3rd ed Columbus:Publishing Horizons,1988.

[81] Jones D, G Brian, Shaw E H. A History of Marketing Thought[M]. London:Handbook of Marketing,2002.

[82] Jones D, G Brain, Monieson D. Early development of the philosophy of marketing thought[J]. Journal of Marketing,1990,54(1):102-113.

[83] Layton R. Formation, growth, adaptive change in marketing systems[J]. Journal of Macromarketing,2014,35(3):302-319.

[84] Shaw E H, Jones D G B. A history of school of marketing thought[J]. Marketing Theory,2005,5:239-281.

[85] Shaw E H. The quest for a general theory of the marketing system[J]. Journal of Historical Research in Marketing,2014,6(4):523-537.

[86] Vargo S L, Lusch R F. Evolving to a new dominant logic for marketing[J]. Journal of Marketing,2004,68:4-17.